Eberhard Mühlan

EINZIGARTIG

Das Temperament eines Kleinkindes erkennen und fördern!

MENANDER Verlag

Bibliografische Information der Deutschen Bibliothek:
Die Deutsche Bibliothek verzeichnet diese Publikation in der Deutschen Nationalbibliografie; detaillierte bibliografische Daten sind im Internet über http://dnb.ddb.de abrufbar.

1. Auflage 2014

MENANDER Verlag

www.menander-verlag.de

ISBN 978-3-944584-25-6

Umschlaggestaltung: Nico Mühlan, Gobasil, www.gobasil.com

Titelfoto: Nico Mühlan

Herstellung: MENANDER Verlag / dbusiness.de gmbh, Berlin

Nachdruck, auch auszugsweise, nur mit Genehmigung des Autors.

INHALT

Einführung 7
Persönlichkeitsentwicklung - wie geschieht sie? 11
   Jedes Kind ist einzigartig! 11
   Persönlichkeitsentwicklung ist nicht vorhersagbar! 14
Wo hat es das bloß her? 21
   Anlage oder Umwelt? 21
   Determinierung oder Interaktion? 23
Babys sind von Anfang an unterschiedlich und nehmen aktiv an ihrer Entwicklung teil! 27
   Verschiedene Temperamentsanteile 29
Drei häufige Temperamentstypen 45
   Eine erste Einschätzung 53
Besonderheiten und Eigenarten besser verstehen 57
   Das einfach zu handhabende Kind 58
   Das schwierig zu handhabende Kind 61
   Das langsam zu erwärmende Kind 74
Gibt es den idealen Elterntyp? 81
   Vernachlässigende Elternschaft 83
   Autoritäre Elternschaft 85
   Nachlässige Elternschaft 86
   Autoritätsbezogene Elternschaft 86

Eine Selbsteinschätzung.. 88

Eine biblisch orientierte Elternschaft 91

Wenn die Temperamente aufeinander prallen................... 94

Auf das Zusammenspiel kommt es an!........................ 97

Keine falschen Erwartungen 98

Dulden oder Fordern?.. 101

Literaturverzeichnis...105

Einführung

Ein Kleinkind in das Leben zu begleiten, ist ein spannendes Abenteuer. Denn jedes Baby kommt als ein Original mit individuellen Temperamentsanteilen zur Welt und nimmt von Anfang an aktiv an seiner Entwicklung teil.

So hat man unter Psychologen nicht immer gedacht. Eine prominente Theorie ist, dass ein Kind wie ein „unbeschriebenes Blatt" zur Welt kommt und dann durch Eltern und Umwelteinflüsse geformt wird. Die Erkenntnis über die Individualität des Kleinkindes haben wir den amerikanischen Psychologen Chess und Thomas zu verdanken. In einer aufwändigen Langzeitstudie über mehr als zwanzig Jahre haben sie die Entwicklung von Kindern vom Säuglings- bis ins Erwachsenenalter begleitet. Ihr Ziel war es, Aufschluss darüber zu erlangen, welchen Einfluss die Anlagen und welchen die Umwelt auf die Entwicklung des Menschen hat.

Eine ihrer wichtigsten Beobachtungen: Babys sind von Anfang an unterschiedlich! Wenn dem so ist, benötigen junge Eltern eine Anleitung, wie sie das individuelle Temperamentsmuster ihres Kindes richtig erkennen und fördern können. Dazu möchte ich Sie in diesem Buch anleiten.

Ein nächster Schritt ist, zu einem guten Zusammenspiel zwischen dem Temperamentsmuster des Kindes und dem Temperament sowie Erziehungsstil der Eltern zu finden. Sie können zu einem guten oder schlechten Zusammenspiel finden und sich damit das Zusammenleben mehr oder weniger angenehm machen. Also werden wir uns damit befassen, was für einen Persönlichkeitstyp Sie darstellen und zu welchem Erziehungsstil Sie tendieren. Ziel ist, die spezifischen Seiten der kindlichen Individualität zu erkennen und danach Erziehungsschritte zu ergreifen, die sich möglichst optimal mit der kindlichen Temperamentsstruktur vertragen. Wie das praktisch aussieht, werden Sie auf den nächsten Seiten lesen.

Da Kleinkinder in der heutigen Zeit immer stärker unter Fremdbetreuung stehen, ist ebenso ein gutes Zusammenspiel zwischen Elternhaus und Erziehern/innen von entscheidender Wichtigkeit. Eltern und Erzieher/innen müssen sich gemeinsam bemühen, das kindliche Temperament zu entdecken und zu fördern, um dann zu einem guten Zusammenspiel in der Allianz von Elternhaus und Tagesmutter beziehungsweise Krippe, Kindergarten, Hort oder Grundschule zu finden. Deshalb ist dieses Buch nicht nur an junge Eltern gerichtet, sondern gleichzeitig an Erzieher/innen und Lehrer/innen.

Ich habe mich mit den unterschiedlichen Theorien zur Kindesentwicklung intensiv befasst und sehe es als meine Aufgabe, den psychologischen Fachjargon in eine verständliche Alltagssprache herunterzubrechen, so dass jede junge Mutti und Vati die komplizierten Abläufe im Miteinander nachvollziehen können. Für die, die ein größeres Interesse an psychologischen Fachbegriffen und Hintergrundwissen haben, habe ich eine Reihe Fußnoten mit Verweisen beigefügt. Wer schnell zum Ziel kommen möchte, kann das Buch auch ohne den Ballast der Fußnoten zügig durcharbeiten.

Persönlichkeitsentwicklung - wie geschieht sie?

Jedes Kind ist einzigartig!

Ich erinnere mich gern daran, wie sich bei Claudia, meiner Frau, früher ein Mütterkreis traf. Meistens waren es Frauen mit Babys oder Kleinkindern, die zusammensaßen und miteinander plauderten. Ich genoss es, für ein zweites Frühstück von meiner Studierklause zu ihnen ins Esszimmer zu schlüpfen und ihren Gesprächen zu lauschen. Aber am meisten beobachtete ich die Kinder. Ich liebte es, ihnen zuzuschauen und so meine Schlüsse zu ziehen.

Wie unterschiedlich sie doch sind! Keins gleicht dem anderen. Das eine Baby liegt ruhig, beinahe ausdruckslos im Arm seiner Mutter, ein anderes macht ihr mit seinem Strampeln so zu schaffen, dass sie nur mit Mühe zum Frühstücken kommt. Ein Zweijähriger schreit mit entschlossener Miene nach einem Puzzle im Regal, an das er nicht heranreichen kann, eine andere trällert mit friedlicher Miene ein Lied.

Und dann die Mütter: Die eine scheint nichts aus der Ruhe bringen zu können. Mit stoischer Miene bleibt sie bei ihrem „Nein", obwohl sich die Kleine aus Protest auf den Boden wirft. Einer anderen ist die Nervosität ins Gesicht geschrieben…

Als ich wieder in meinem Studierzimmer sitze, geht mir durch den Kopf: Wie werden sich diese süßen Kleinen weiterentwickeln? Und die Eltern? Wie werden sie es packen, wie auf ihre Kinder eingehen?

Jede Familie ist doch eine Welt für sich. Nehme ich nur einmal unseren Mühlan-Clan: Vater, Mutter, sechs angenommene und sieben leibliche Kinder. Claudia und ich – jeder hat seinen eigenen Stil und seine eigene Art, auf die Kinder einzugehen, obwohl wir uns mit den Jahren weitestgehend aufeinander abstimmen konnten. Claudia von Haus aus die etwas kühlere, strengere, ich der etwas warmherzigere, großzügigere... Beide sind wir allerdings durchorganisierte Arbeitstypen. Wenn wir zupacken, fliegen die Fetzen!

Wenn ich so an die Hoch-Zeit unseres Familienlebens zurückdenke: Wir lebten in einem großzügig gestalteten, alten Haus. Da gab es immer etwas zu renovieren und zu reparieren. Das bewältigten wir während unserer gemeinsamen Arbeitszeiten hauptsächlich mit den älteren Kindern zusammen - da bekamen sie viele handwerkliche Fähigkeiten mit, die sie heute noch nutzen. Dann zeichnete uns ein regelrechter „Natur-Tick" aus: Die Kinder wuchsen mit Garten, Tieren und gesunder Ernährung auf. Urlaube verbrachten wir am liebsten als Globetrotter in einem verschwiegenen Winkel der Welt. Pilze sammeln, angeln, die halbe Nacht am Lagerfeuer verbringen, im Freien schlafen und möglichst keine anderen Menschen dabei begegnen. Oder mit unserem alten Wohnmobil durch die Vorsahara in Marokko schaukeln und die Gastfreundschaft in den kleinen abgelegenen Dörfern genießen - und als die Kinder älter waren, mit Trekking-Rucksack durch Thailand, Nepal und Indien tingeln.

Und dann die einzelnen Kinder! Wenn wir genauer hinschauen, ist jedes ein Original mit seinen eigenen Fähigkeiten und Begrenzungen. Sie haben eigentlich alle unsere Liebe zur Natur übernommen, und setzen dies wiederum in ihren eigenen Familien um. Auch scheinen alle eine fast unbändige Reiselust „geerbt" zu haben. Jedes ist auf seine Art praktisch und kreativ. Den flinken Arbeitsstil haben allerdings nicht alle übernommen. Im Vergleich zu Claudia und mir gibt es bemerkenswert langsamere Typen, die Arbeit ganz anders angehen als wir beide.

Und dann ihre unterschiedlichen Interessen! Das eine Kind konnte sich mit „Biene", unserem Berner Sennenhund, stundenlang draußen herumtreiben und starb vor Langeweile, wenn es sich bei schlechtem Wetter drinnen beschäftigen musste, ein anderes schuf sich in seinem Zimmer durch Zeichnen, Musizieren und Schmökern seine eigene Welt. Was haben wir aufgeatmet, wenn ein Kind alleine gut in der Schule zurechtkam, während wir bei einem anderen unendlich viel Zeit und Geduld für das Üben investieren mussten!

Am auffallendsten: Ein Kind hielt sich leichter an Familienregeln, während ein anderes eine ganz schöne Portion Standhaftigkeit und Konsequenz unsererseits benötigte, bis es einlenkte. Die eine sang und strahlte fast immer, der andere zog eher verschlossen durchs Haus - und war besonders morgens nicht ansprechbar. Oder: Er, das Plappermäulchen und sie, die verschmuste Stille. Da gab es den Arbeitswilligen, der ungefragt mit anpackte, und den Drückeberger, der einfach nicht zu finden war, wenn es nach Arbeit roch – und das alles unter einem Dach. Bei sechs angenommenen und sieben eigenen Kinder ergab das ein sehr buntes Bild und erforderte enorme Flexibilität im Umgang mit jedem einzelnen. Das mussten wir erst einmal lernen!

Es macht Riesenfreude, einem Kind bei seiner Persönlichkeitsentwicklung erfolgreich beistehen zu können, aber es bereitet Riesenkummer, wenn es trotz aller Mühe nicht gelingt und der Heranwachsende nicht nur einen anderen Weg einschlägt, sondern sich zusätzlich mit einer Menge Probleme herumschlägt und sein Leben einfach nicht in den Griff zu bekommen scheint.

Persönlichkeitsentwicklung ist nicht vorhersagbar!

Da brechen Fragen auf: Wieso entwickeln sich manche Kinder glatt und unproblematisch, während andere alle möglichen Formen von Verhaltensschwierigkeiten aufweisen? Wie vollzieht sich überhaupt die Persönlichkeitsentwicklung[1] eines Kindes in der Familie?

Es gibt zwei weitverbreitete aber irreführende Vorstellungen, die in vielen Elternköpfen herumspuken und ihr Erziehungsverhalten beeinflussen: Einmal, dass vor allem die Eltern die Haupt-

---

[1] Wie ist der Begriff Persönlichkeit zu definieren? Was gehört dazu? Jeder meint zu wissen, was damit gemeint ist, aber wenn man es erklären soll, kann man leicht ins Stottern geraten. Es ist hilfreich von einer Außenseite, wie zum Beispiel die äußere Erscheinung, typische Gewohnheiten und Reaktionsweisen, und von der inneren Seite einer Persönlichkeit zu sprechen. Zur inneren Seite gehören zum Beispiel die Gefühle und Emotionen, die jemanden bewegen, was für ihn wichtig ist im Leben, welche Werte er hochhält, welche Einstellungen er zu anderen Menschen hat - zu Älteren oder Menschen anderer ethnischer Herkunft. Die verschiedenen Persönlichkeitsmerkmale eines Menschen bilden zusammen das individuelle Charaktermuster, das ihn auszeichnet. Die Begriffe Persönlichkeit und Charakter sind nach dieser Definition austauschbar. Nach Rita Kohnstamm, Praktische Kinderpsychologie, Huber 2006, S. 253ff.

verantwortlichen wären für das Gelingen des Aufwachsens von Kindern. Eine zweite falsche Vorstellung ist die, dass die ersten Lebensjahre eines Kindes die allerwichtigsten wären; so entscheidend, dass es später nicht mehr viel zu verändern gäbe.

Solche falschen Vorstellungen können zu fatalen Schlussfolgerungen führen: Nämlich, dass alles, was während der Persönlichkeitsentwicklung schiefgehen könnte, auf die Eltern zurückzuführen sei. Ob nun kleine Verhaltensauffälligkeiten, Schulschwächen, Lügen oder Stehlen…Schnell ist man dabei, den Eltern die Schuld zu geben, denn schließlich üben sie doch den größten Einfluss auf ein Kind aus. Viele Eltern quälen sich deshalb ein Leben lang mit unnötigen Schuldgefühlen ab. Umgekehrt machen erwachsene Kinder ihren Eltern schwere Vorwürfe für ihr missratenes Leben und kommen nicht darauf, dass es auch die Frucht ihrer eigenen falschen Entscheidungen sein könnte. Fatale Schlussfolgerungen zu der zweiten These können so aussehen: Wenn die ersten drei oder fünf Lebensjahre so entscheidend wichtig sind, dann gehören die Kleinkinder in die Hände von Fachleuten. Das können doch normale Eltern gar nicht bewältigen. Oder man gibt mit seinen Erziehungsbemühungen in den späteren Jahren einfach auf, da es ja jetzt sowieso nichts mehr zu erziehen gibt.

Diese falschen Annahmen, die etwas verzerrt durch Elternköpfe schwirren, haben ihre Wurzeln in der Geschichte der Psychotherapien und Kindes-Entwicklungstheorien. Dem Psychoanalytiker Freud[2] und seinen Nachfolgern haben wir die These zu ver-

---

[2] Siegmund Freud (1856 - 1939) ist ein österreichischer Psychiater und Neurologe und wird als der Begründer der Psychoanalyse, auch Tiefenpsychologie genannt, bezeichnet. Freuds Werk ist geprägt von seiner humanistischen Bildung. Er entwickelte eine Triebtheorie, die besagt, dass der Mensch überwiegend von Trieben gesteuert werde. Zu seinen unmittelbaren Nachfolgern zählt man Carl Gustav Jung und Alfred Adler.

danken, dass die Erfahrungen in den ersten Lebensjahren allentscheidend für die Zukunft eines Menschen sind. Damit vertreten sie ein streng mechanistisches Entwicklungsmodell: Frühe Erfahrungen können nicht gelöscht werden, und spätere Erfahrungen bauen auf früheren auf. Verhalten und Empfinden im Erwachsenenalter kann somit in linearer Weise auf frühkindliche Erfahrungen zurückgeführt werden.[3]

Der Ansatz der Verhaltensforscher (Behavioristen[4]) verläuft anders, führt aber zu den gleichen Ergebnissen. Für sie spielen

---

[3] Der prominente Psychoanalytiker Rattner fasst die gemeinsame Grundhaltung aller Tiefenpsychologen wie folgt zusammen: „In der Kindheit durchläuft der Mensch eine komplizierte seelische Entwicklung, die die Grundlagen zu seiner Charakter- und Persönlichkeitsbildung zutage fördert. Durch das ganze Leben hindurch bleiben in den ersten Jahren erworbene seelische Strukturen erhalten." Weiterhin vertritt Rattner „…dass das Gefühlsleben und die innersten Antriebe jedes Menschen von seiner frühesten Kindheit determiniert werden. Probleme des Erwachsenen müssen im Rahmen einer solchen Theorie zwangsläufig durch Defizite in der kindlichen Entwicklung erklärt werden." H. Hemminger, Kindheit als Schicksal?, Rowohlt 1982, S. 20.

„Nach Freud erstreckt sich die Persönlichkeitsbildung über die ersten fünf Lebensjahre. Danach liegt die Persönlichkeit eines Menschen im Prinzip fest und kann höchstens mit Hilfe einer sehr intensiven und zeitaufwändigen Psychoanalyse verändert werden." R. Kohnstamm, Praktische Kinderpsychologie, S. 261.

Ein Schicksalsprophet neuerer Zeit ist der amerikanische Psychoanalytiker Burton White. Er stellt die Frage: „Ist alles schon abgeschlossen, wenn wir drei Jahre alt sind?" und gibt darauf die Antwort: „Ich glaube, dass bis zu einem gewissen Grad alles mit drei Jahren abgeschlossen ist." A.Thomas/ St. Chess, Temperament und Entwicklung, Enke Verlag 1980, S. 156.

[4] Der Begriff „Behavioristen" bzw. „Behaviorismus" leitet sich von dem englischen behaviour = Verhalten ab. Er beschreibt eine amerikanische

Erbanlagen gar keine oder lediglich eine geringe Rolle. Nach ihrer Meinung kommt ein Kind wie ein „unbeschriebenes Blatt" zur Welt und wird dann durch Eltern und Umwelteinflüsse geformt. Deshalb konzentrieren sie sich vor allem auf die Bedeutung frühkindlicher Konditionierungs- und Lernprozesse. Das führte zu der anmaßenden Behauptung eines ihrer Gründer namens Watson, er könne jeden gesunden Säugling zu sich nehmen und aus ihm denjenigen Erwachsenen machen, den er sich wünsche und vorstelle.[5]

Erziehung ist jedoch keine „Einbahnstraße"! Es wird übersehen, dass das Kind einen eigenen Willen hat und in seiner Entwicklung eine aktive Rolle spielt – ganz abgesehen von den genetisch bedingten Temperamentsunterschieden, die leicht übersehen werden. Weder Eltern noch Umwelteinflüsse allein legen die Persönlichkeitsstruktur eines Kindes fest. Ein Kind steht ständig in Wechselbeziehung (Interaktion) mit Eltern und Umwelteinflüs-

---

sozialpsychologische Forschungsrichtung, die durch das Studium des Verhaltens von Lebewesen deren seelische Merkmale zu erfassen sucht. Zu den Begründern gehören Skinner und Watson. Duden. Das Fremdwörterbuch.

[5] Alle Erklärungsmodelle haben sich weiterentwickelt. Heutige Vertreter der Verhaltenstheorien äußern sich in der Regel nicht mehr so radikal wie die Begründer. Aber „Watson verstand sich als Töpfer, der glaubte herausgefunden zu haben, dass er jedes Stück Mensch-Material durch Training in jede beliebige Richtung entwickeln oder auch auf das Niveau der Idiotie abbauen kann, um den entstandenen Schaden dann allmählich wieder zu reparieren. Er spielte damit auf die durchgeführten Experimente mit dem neun Monate alten Albert B. an, dem durch Konditionierung Ängste (vor Ratten) beigebracht und dann wieder abgewöhnt worden waren - der klassische Fall der modernen Verhaltenstherapie." P.R. Hofstätter, Psychologie zwischen Kenntnis und Kult, Oldenbourg 1984, S. 51.

sen. Dabei spielt das individuelle kindliche Temperament eine entscheidende Rolle: Das eine Kind verhält sich im Familienverband kooperativer als das andere.

Bei dem Versuch, Persönlichkeitsentwicklung zu erklären, haben sich inzwischen viele führende Erziehungswissenschaftler auf das sogenannte „Interaktionsmodell"[6] geeinigt: Dieser Begriff soll aufzeigen, dass sich die Persönlichkeit in der Wechselwirkung zwischen Eltern, Kind und Umwelteinflüssen entwickelt. In einem späteren Kapitel werde ich ausführlich auf diesen Begriff eingehen.

Sie stellen einen ganz bestimmten Elterntyp dar, geprägt durch Ihre Persönlichkeit, Ihre eigene Familiengeschichte und den Erziehungsstil, den Sie für richtig halten. Genauso hat Ihr Kind einen ganz eigenen Charakter, mit individuellen Temperamentsmerkmalen und einem mehr oder weniger stark ausgeprägten Willen. Außerdem leben Sie als Familie in einem Umfeld, das zusätzlichen Einfluss ausübt. In einer kleinen Wohnung mit kinderfeindlichen Nachbarn ist das Leben weniger beschaulich als auf dem Lande zwischen Hühnern und Schafen, um nur ein kleines Beispiel zu nennen.

Diese Sichtweise macht Kinder-Erziehung viel interessanter, aber auch komplizierter. Wie Kinder sich entwickeln, ist schwer vorhersehbar, und auch für Misserfolge sind nicht so einfach Schuldige zu benennen. Die Theorie „umweltbedingter Konditionierung" mit der „Gib den Eltern die Schuld" Ideologie wird außer Kraft gesetzt, weil Kinder sich aktiv an der eigenen Persönlichkeitsentwicklung beteiligen.

---

[6] Rita Kohnstamm, Praktische Kinderpsychologie, S. 24.

Mir gefällt der Erklärungsversuch des Interaktionsmodells. Ich meine auch, dass es mit dem biblischen Menschenbild übereinstimmt, denn die Bibel betont die Eigenverantwortung und den eigenen Willen jedes einzelnen Menschen.

Diese Sicht entlastet die Eltern spürbar, die dazu neigen, sich alle Schuld für das Fehlverhalten ihres Kindes zu geben. Es müsste Ihnen schon immer klar gewesen sein, dass nicht nur Eltern ihr Kind beeinflussen, sondern dass es noch viele ausschlaggebende Miterzieher gibt: Spielkameraden, Lehrer, Zeitschriften, Fernsehen, Computer, Smartphone... Diese können das Leben eines Kindes stärker formen, als manche stressgeplagten Eltern es nach Feierabend vermögen.

Eltern sollten auch aufhören, Kinder miteinander zu vergleichen und womöglich unbarmherzige Erziehungstipps weiterzugeben. Diejenigen, die das unverdiente Glück haben, ein ruhiges, ausgeglichenes Baby in den Armen zu halten oder eins, das von Geburt an durchschläft, halten sich oft für großartige Pädagogen und schauen stirnrunzelnd auf die hilflosen Erzeuger, die vergeblich versuchen, ihr schreiendes Bündel zu beruhigen.

Einige Kinder machen es ihren Eltern durch ihre Art wirklich schwer, sie zu lieben. Aber auch Eltern sind nicht ohne Fehler... Nur wenige sind Naturtalente, die meisten müssen erst lernen, richtig auf ihr Kind einzugehen.

Für alle gilt das wichtige Ziel, eine gute Qualität im Zusammenleben zu erreichen!

Dies wird der Leitgedanke dieses Buches sein. Ich möchte Ihnen helfen, zu der besten Qualität zu finden, die im Zusammenleben mit Ihren unterschiedlichen Familienmitgliedern möglich ist.

Wenn eine gute Übereinstimmung zwischen elterlichen Erwartungen, kindlichem Temperament und Umweltbedingungen besteht, kann man von einer guten „Qualität im Zusammenleben" sprechen.

Es gibt aber auch Eltern, die ständig zu viel von ihrem Kind erwarten und eine Umgangsweise haben, die sich mit dem Temperament ihres Kindes nicht verträgt. Wenn außerdem die Umweltbedingungen ungünstig sind, spricht man von einer schlechten „Qualität im Zusammenleben".

Ein Beispiel: Wenn genervte Eltern jeden Abend von ihrem hochaktiven Kind erwarten, dass es allein in seinem winzigen Kinderzimmer spielt, damit sie ihre Ruhe haben, und der geräuschempfindliche Nachbar bei jedem Pieps mit dem Besenstiel an die Decke klopft, kann man den Crash schon erwarten.

Wenn Sie sich eine gute „Qualität im Zusammenleben" wünschen, sollten Sie sich um folgendes bemühen:

- das Temperamentsmuster Ihres Kindes klar einordnen zu können.
- Ihr eigenes Temperamentsmuster und Stil der Elternschaft zu erkennen und neu zu durchdenken,
- um dann zu einem günstigen Zusammenspiel zwischen Ihrem Typ und dem des Kindes zu kommen.

Um diese Punkte geht es in den nächsten Kapiteln. Ich möchte Sie auf eine spannende Entdeckungsreise der unterschiedlichen Temperamente in einer Familie mitnehmen und Sie zu einer besseren Qualität im Zusammenleben anleiten.

Wo hat es das bloß her?

Eine Szene aus unserem früheren Familienleben: Ich sitze im Wohnzimmer und lese meine Feierabendzeitung. Marie, unsere Jüngste, spielt nebenan im Esszimmer und brabbelt vor sich hin. Plötzlich ein Geschrei, als ob ihr das Regal auf den Kopf gefallen oder sonst etwas passiert wäre. Meine Nackenhaare sträuben sich, und schon springe ich entsetzt aus dem Sessel. „Bleib sitzen", meint Claudia cool, „Marie bekommt nur die Duplo-Steine nicht aufeinander…"

Mein Adrenalinspiegel normalisiert sich, beruhigt sinke ich wieder in die Polster und frage mich kopfschüttelnd: „Wo hat sie das bloß her? Vorgemacht hat ihr das keiner, und von mir kann sie das schon gar nicht geerbt haben, höchstens von…"

Anlage oder Umwelt?

Wie ist denn nun das Verhältnis von Anlage zu Umwelteinflüssen bei der Persönlichkeitsentwicklung eines Kindes?

Beides spielt eine Rolle – aber Psychologen haben sich immer darüber gestritten, was den größeren Einfluss ausübt. Je nach ideologischem Hintergrund wurde der Vererbung oder dem Milieu das Wort geredet. Bis zu der Zeit meines Studiums meinte man überwiegend, die Vererbung spiele die größere Rolle. In den 70er Jahren behaupteten plötzlich viele Wissenschaftler – inspiriert durch die Psychologie des Behaviorismus und das Aufblühen des Neomarxismus – das Gegenteil: Die Persönlichkeit hinge weitgehend von der Umwelt, insbesondere von der Gesellschaft und ihrer Kultur ab. Dahinter steht wiederum der Glaube der Aufklärungszeit an die Macht der Erziehung, der zu dem sozialistischen Ideal der Gleichheit führte, von dem die meisten Professoren meiner Studienzeit überzeugt waren.

Nach Rita Kohnstamm nehmen inzwischen „die meisten Psychologen einen mittleren Standpunkt zwischen den beiden extremen Auffassungen ein. Demzufolge legen die Erbanlagen die Grenzen der Lernmöglichkeiten fest, während das Milieu darüber entscheidet, ob ein Kind die Möglichkeiten, die ihm gegeben sind, auch nutzen kann oder darunter bleibt."[7]

Man kann das Verhältnis Anlage - Umwelt auch mit einem einfachen Bild beschreiben: Die Anlagen sind mit einem Acker, seiner Bodenbeschaffenheit und Nährhaltigkeit vergleichbar. Auf dem Acker kann recht Verschiedenartiges angebaut werden. Auf einem sandigen Boden wachsen allerdings andere Früchte als auf einem Lehmboden. Die Ernte hängt somit wesentlich von der Qualität des Bodens ab. Zugleich aber spielen auch Umweltbedingungen, wie das Wetter oder die Pflege des Ackers und der Pflanzen, eine wichtige Rolle. Letztere Bedingungen entsprechen

---

[7] Rita Kohnstamm, Praktische Kinderpsychologie, S. 103.

ungefähr dem Erziehungsklima während der Entwicklung eines Kindes.

Zusammenfasen kann man sagen: Die Anlage ist ein sehr wichtiges Element der Persönlichkeit. Aber auch die Umwelt, in der ein Kind aufwächst, bestimmt seinen Charakter; besonders, wenn man unter Umwelt nicht nur Familie versteht. Haben Menschen in verschiedenen Landstrichen nicht verschiedene Charaktereigenschaften? Sollten diese in einem warmen, sonnigen Land nicht anders aussehen als in einem Land von Sturm und Regen? Sollten sich Charakteranlagen in der gleichen Weise entwickeln, gleichgültig, ob Krieg oder Frieden ist? Das ist kaum anzunehmen.

Determinierung oder Interaktion[8]?

Ist die Frage des Zusammenspiels von Anlage und Umwelt geklärt, schließt sich eine andere sofort an: „Wie wird ein Mensch zu dem, was er ist?" Auch darüber wurde sehr viel philosophiert und geschrieben.

Die meisten Schulen der Entwicklungstheorien (insbesondere die Tiefenpsychologie und der Behaviorismus) gehen davon aus, dass der Mensch entweder von inneren oder äußeren Faktoren

---

[8] Unter Determinierung versteht man eine Festlegung durch Tradition oder Vererbung. Interaktion meint eine Wechselbeziehung zwischen Personen oder gewissen Faktoren.

oder durch das Zusammenwirken beider in seiner Persönlichkeit determiniert (festgelegt) wird. Das heißt, der Mensch ist lediglich das Ergebnis seiner Lebensumstände, ganz gleich, ob nun Anlage oder Umwelt eine größere Rolle spielen, und dadurch in seiner Entscheidungsfreiheit wie auch Verantwortlichkeit weitgehend eingeschränkt.

Das sieht die Bibel nicht so: Der Mensch ist von Anfang an eine einzigartige Persönlichkeit. In Psalm 139,13-14 finden wir diesen großartigen Ausspruch: *„Du hast mich geschaffen - meinen Körper und meine Seele, im Leib meiner Mutter hast du mich gebildet. Herr, ich danke dir dafür, dass du mich so wunderbar und einzigartig gemacht hast! Großartig ist alles, was du geschaffen hast - das erkenne ich!"* (Hfa)

Wissenschaftlich gesprochen: Jeder Mensch wird mit einem von Gott gegebenen einmaligen „genetischen Paket" geboren. Armin Mauerhofer[9] erarbeitet in seiner Veröffentlichung treffend, dass der Mensch als Geschöpf Gottes im Bereich der Umwelteinflüsse nicht einem blinden Schicksal preisgegeben sei. Diese Einflüsse sind von Gott gelenkt beziehungsweise zugelassen und haben letztlich das Ziel, die eigene Persönlichkeit dem göttlichen Plan entsprechend zu formen. Als eine selbständige Persönlichkeit kann der Mensch seinen Anlagen und den Umwelteinflüssen bewertend gegenüber stehen. Dadurch bleibt er jedoch, trotz möglicher Beeinflussung und Einschränkung durch Anlage und Umwelt, für sein Verhalten verantwortlich.

Auch innerhalb der Theorien der Persönlichkeitsentwicklung gibt es vermehrt Strömungen, die sich von der Vorstellung einer Persönlichkeitsentwicklung als Einbahnstraße abwenden und die

---

[9] Armin Mauerhofer, Pädagogik nach biblischen Grundsätzen, Band 2, Hänssler Verlag, Holzgerlingen, 2001, S. 50.

Mitwirkung der kindlichen Persönlichkeit berücksichtigen. Deswegen stößt man im heutigen entwicklungspsychologischen Denken immer häufiger auf das sogenannte Interaktionsmodell, das von einer komplizierten Wechselwirkung von Anlage und Erfahrung (Umwelteinflüsse) ausgeht. Es wird berücksichtigt, dass das Kind mit seinen angeborenen Temperamentsanteilen in seiner Entwicklung selbst eine aktive Rolle spielt. Diese besteht darin, dass es ständig in Interaktion (Wechselbeziehung) zu seinen Eltern und den vielfältigen Umwelteinflüssen steht. Die gesamte Kindheit hindurch beeinflussen sich also kindliches und elterliches Verhalten und die dazu kommenden Umwelteinflüsse gegenseitig.

Das Interaktionsmodell

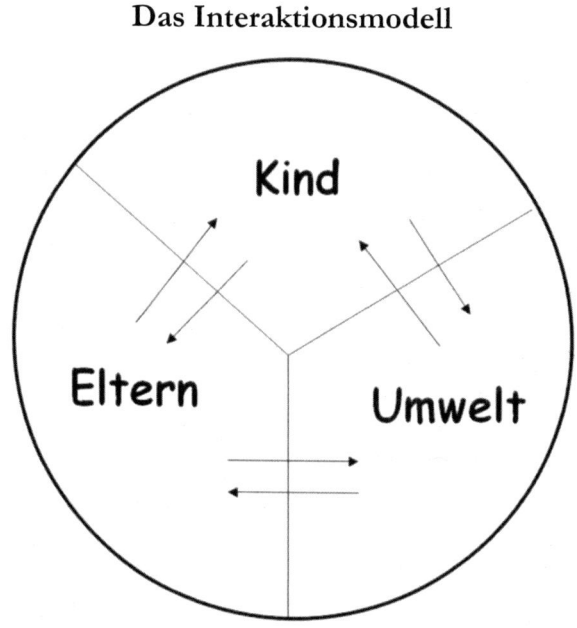

Dieses Interaktionsmodell, das dem biblischen Menschenbild entspricht, welches ja auch von der Eigenverantwortung des Menschen spricht, erklärt treffend, wie sich die Persönlichkeitsentwicklung in einem Kind vollzieht. Es ist ein kompliziertes Zusammenspiel, das eindeutige Schuldzuweisungen - zum Beispiel allein auf die Eltern - nicht zulässt und die Eigenverantwortung des Heranwachsenden betont.

Babys sind von Anfang an unterschiedlich und nehmen aktiv an ihrer Entwicklung teil!

In diesem Zusammenhang sind die Forschungen der amerikanischen Psychiater Thomas und Chess sehr bedeutsam[10]. Sie gründeten ihre Theorie überwiegend auf eine 20 Jahre dauernde Langzeitstudie. Sie verfolgten die Entwicklung von Kindern vom Säuglings- bis ins Erwachsenenalter. Ihr Ziel war es, Aufschluss darüber zu erlangen, welchen Einfluss die Anlagen und welchen die Umwelt auf die Entwicklung des Menschen hat.

Eine ihrer wichtigsten Beobachtungen: Babys sind von Anfang an unterschiedlich! Die Unterschiede zeigen sich in den verschiedenen Temperamentsmerkmalen[11], die man ebenso als er-

---

[10] Chess und Thomas stellen bis heute die Basis für alle Temperamentsuntersuchungen von Kindern in der Wissenschaft dar. Kwadwo Antwi, Temperament und Mutter-Kind-Interaktion bei extrem frühgeborenen Kindern, Dissertation an der Medizinischen Fakultät der Universität zu Köln, 16.12.2006. (www.google.de)
[11] Wie verstehen Chess und Thomas den Begriff Temperament? „Der Ausdruck Temperament beschreibt allgemein gesehen am besten das Wie einer Verhaltensweise beziehungsweise die Art des Verhaltens eines Individuums. Temperament und Verhaltensstil müssen wie folgt gegeneinander abgegrenzt werden: Temperament bezieht sich auf Eigenschaften des Kindes, die bereits im Säuglingsalter erkennbar werden. Verhaltensstil bezeichnet Eigenschaften oder Trends im Verhalten, die erst in der späte-

erbtes „Energieschema[12]" bezeichnen kann. Mit einer zweiten Beobachtung bestätigen sie die interaktionistische Auffassung: Ein Kind wirkt von seiner Geburt an aktiv an seiner Entwicklung mit!

Chess und Thomas vertreten: „...die Hypothese, dass die Unterschiede im Temperament Neugeborener und sehr junger Kleinkinder biologisch bestimmt sind. Aber durch die Interaktion mit den Eltern wird das Kind beeinflusst, wodurch das ursprüngliche Temperament entweder intensiviert oder verändert werden kann. Während das Kind älter wird, werden einige Temperamentsmerkmale und –muster durch andere Einflüsse betont, umgewandelt oder sogar verändert. Diese Hypothese deckt sich mit der heutigen Auffassung, dass Entwicklung in allen Altersstufen

---

ren Kindheit oder im Erwachsenenalter offenbar werden." Thomas / Chess, Temperament und Entwicklung. Über die Entstehung des Individuellen, Enke Verlag, 1980, S. 8.

[12] Zum genetischen Einfluss des Temperaments: „Aus der Durchsicht der zur Verfügung stehenden Daten geht hervor, dass genetische Faktoren bei der Bestimmung des individuellen Temperamentes des Kleinkindes eine recht große, aber keineswegs ausschließliche Rolle spielen. Soziokulturelle Faktoren... wie außergewöhnliche oder besondere Umstände während der Geburt sowie chronische Angst vor oder während der Schwangerschaft können sich ebenfalls bedeutsam auswirken. Wenn der Säugling zwei bis drei Monate alt ist, hat sich sein individuelles Temperament bereits weitgehend ausgeprägt. Die Ursprünge des Temperaments müssen daher bei diesen Faktoren gesucht werden: genetischen, pränatalen und frühen postnatalen Einflüssen seitens der Eltern. Umwelteinflüsse... können Temperamentszüge im Laufe der Zeit akzentuieren, abschwächen oder sogar verändern." Thomas / Chess, Temperament und Entwicklung. S. 117-118.

eine Kombination biologischer und umweltbedingter Faktoren ist."[13]

Ich meine, Chess und Thomas bestätigen, was Mütter und Väter mit gesunder Beobachtungsgabe schon immer empfunden haben: Kinder sind unterschiedlich, und das nicht allein durch Umwelteinflüsse, sondern von Anfang an. Manche Mutter hat schon während der Schwangerschaft zu spüren bekommen, dass sich in ihrem Leib ein besonders aktives Kind an seinem Dasein freut.

Wenn ich an unsere Familie denke: Bei jedem Neugeborenen waren wir gespannt, was für ein Original denn dieses Mal das Licht der Welt erblickt. Jedes Kind bringt unterschiedliche Charakteranlagen mit und hat ein Recht drauf, dass seine Eltern sie erkennen und fördern. Die Ausarbeitungen von Chess und Thomas haben uns dabei sehr geholfen, und auch Sie können davon profitieren!

Verschiedene Temperamentsanteile

Bei ihrer Langzeitstudie wurden von Chess und Thomas neun unterschiedliche Temperamentskategorien erstellt. Im Folgenden möchte ich sie erklären und mit typischen Alltagsbeispielen für die unterschiedlichen Altersgruppen erläutern:

---

[13] Stella Chess und Alexander Thomas, Know your Child. An Authoritative Guide for Today`s Parents, Basic Books 1987, S. 25.

- Kleinkinder   (Geburt bis zwei Jahre alt)
- Vorschulkinder   (zwei bis sechs Jahre alt)
- Mittlere Kindheit   (sechs bis zwölf Jahre alt)

Versuchen Sie beim Lesen schon einmal Beispiele für Ihr Kind zu benennen. Jede Temperamentsäußerung kann von hoch bis niedrig eingestuft werden.

1. Aktivität[14]

Hiermit sind die motorischen Abläufe im Leben eines Kindes gemeint und die täglichen Anteile von Aktivität und Inaktivität. Dazu gehören Daten über körperliche Bewegung beim Baden, Essen, Spielen, Anziehen sowie Informationen über den Schlaf-Wach-Rhythmus, über Greifbewegungen und über das Krabbeln und Gehen des Kindes.

Kleinkind

Hohe Aktivität: „Beim Baden strampelt und planscht sie so stark, dass ich hinterher jedes Mal aufwischen muss."

Niedrige Aktivität: „Sie kann sich zwar umdrehen, aber sie tut es nicht oft."

---

[14] Die Beschreibungen der Temperamentskategorien sind entnommen: Thomas / Chess, Temperament und Entwicklung. S. 17ff.

Vorschulkind
Hohe Aktivität: „Wenn ein Freund aus dem Kindergarten zu Besuch kommt, fängt er sofort an herumzutoben."
Niedrige Aktivität: „Wenn er die Wahl hat, sucht er sich meistens etwas Ruhiges aus, er malt oder sieht sich ein Buch an."

Mittlere Kindheit
Hohe Aktivität: „Wenn sie aus der Schule kommt, geht sie sofort nach draußen und beginnt sehr lebhaft zu spielen."
Niedrige Aktivität: „Es ist typisch, dass sie stundenlang puzzelt und still vor sich hin beschäftigt."

Können Sie ein Beispiel zur Aktivität Ihres Kindes benennen?

_____
_____
_____
_____

2. Tagesrhythmus (Regelmäßigkeit)

Hiermit ist die zeitliche Vorhersagbarkeit und/oder Unvorhersagbarkeit einer Funktion oder eines Ablaufs gemeint in Bezug auf den Schlaf-Wach-Rhythmus, den Hunger, das Essensverhalten und die Ausscheidungsgewohnheiten.

Kleinkind

Regelmäßigkeit: „Wenn sie nicht krank ist, hat sie jeden Tag einmal Stuhlgang, und zwar immer sofort nach dem Frühstück."

Unregelmäßigkeit: „Ich habe keine Ahnung, wann ich mit der Sauberkeitserziehung anfangen soll, denn der Stuhlgang könnte zu jeder Tageszeit sein und zwischen ein- bis dreimal täglich."

Vorschulkind

Regelmäßigkeit: „Für sie ist das Mittagessen stets die Hauptmahlzeit."

Unregelmäßigkeit: „Manchmal schläft sie sofort nach dem Abendessen ein, und an anderen Tagen gibt sie vor 21 oder 22 Uhr keine Ruhe. Vorher weiß man das nie."

Mittlere Kindheit

Regelmäßigkeit: „Sie wacht jeden Morgen wie durch eine innere Uhr auf. Ich brauche sie nie zu wecken."

Unregelmäßigkeit: „Manchmal ist mittags ihre Hauptmahlzeit, manchmal abends. Vorher weiß ich das nie."

Können Sie ein Beispiel zum Tagesrhythmus Ihres Kindes benennen?

_____
_____
_____
_____

3. Annäherung oder Rückzug

Damit ist die Art der ersten Reaktion auf eine neue Situation oder Reiz gemeint – neues Essen, neues Spielzeug, neue Personen oder eine neue Umgebung.

Annäherungsreaktionen sind positiv und können durch Stimmungsäußerung (lächeln, Sprache, Gesichtsausdruck) oder durch motorische Aktivität ausgedrückt werden (etwas Neues zu essen wird rasch verschlungen, ein neues Spielzeug gern in die Hand genommen).

Rückzugsreaktionen sind negativ und werden ebenfalls durch Stimmungen ausgedrückt (weinen, meckern, Grimassen schneiden) oder durch motorische Aktivitäten (das Kind wendet sich ab, spuckt etwas Neues zu essen aus, stößt ein neues Spielzeug von sich fort).

Kleinkind

Annäherung: „Sie lächelt Fremde immer an."

Rückzug: „Wenn ich ihr etwas Unbekanntes zu essen gebe, spuckt sie es beim ersten Mal fast immer aus."

Vorschulkind

Annäherung: „Gestern waren wir in einem neuen Spielkreis, und sie mischte sich gleich unter die Kinder."

Rückzug: „Seit zwei Wochen geht sie in den Kindergarten. Zuerst wollte sie sich nicht in die Gruppe integrieren und stand nur am Rand. Erst nach einer Woche fing sie an, mitzumachen."

Mittlere Kindheit

Annäherung: „Als sie am ersten Tag aus der neuen Schule kam, redete sie so, als ob alle anderen Schüler schon ihre Freunde wären."

Rückzug: „Die Klasse hat jetzt mit Bruchrechnen angefangen. Wie üblich, ist sie sicher, dass sie es nie lernen wird. Ich erinnerte sie daran, dass sie das bei einem neuen Thema immer sagt, aber dann gut damit fertig wird."

Können Sie ein Beispiel zu Annäherung oder Rückzug Ihres Kindes benennen?

_____
_____
_____
_____

4. Anpassungsfähigkeit

Damit sind die Reaktionen auf neue oder veränderte Situationen gemeint. Nicht die Art der ersten Reaktionen ist hierbei von Interesse, sondern die Leichtigkeit, mit der ein Kind sich in eine gewünschte Richtung lenken lässt.

Kleinkind

Hohe Anpassungsfähigkeit: „Als ich ihr dieses Müsli das erste Mal gab, spuckte sie es aus, aber nach nur zwei bis drei weiteren Versuchen aß sie es mit Genuss."

Niedrige Anpassungsfähigkeit: „Jedes Mal, wenn ich ihr den Schneeanzug anziehe, wehrt sie sich dagegen und schreit, bis wir draußen sind. Das geht jetzt schon den ganzen Winter so."

Vorschulkind

Hohe Anpassungsfähigkeit: „Letzten Monat sind wir in eine neue Wohnung gezogen, und sie hat sich schon in der ersten Nacht an ihr Zimmer und ihr Bett gewöhnt."

Niedrige Anpassungsfähigkeit: „Zuerst mochte sie den Kindergarten überhaupt nicht. Sie brauchte den ganzen Herbst, bis sie mit ihm zufrieden war."

Mittlere Kindheit

Hohe Anpassungsfähigkeit: „Diesen Sommer ging sie in eine neue Kindergruppe. Obwohl es dort ganz anders war und sie sich zuerst sehr unwohl fühlte, brauchte sie nur kurze Zeit, um sich zu integrieren und wohl zu fühlen."

Niedrige Anpassungsfähigkeit: „Vor drei Monaten sind wir in einen anderen Stadtteil gezogen, und sie fängt erst jetzt an, Freundschaften zu schließen."

Können Sie ein Beispiel zur Anpassungsfähigkeit Ihres Kindes benennen?

_____
_____
_____
_____

5. Sensorische Reizschwelle (Empfindungsschwelle)

Hiermit ist das Intensitätsniveau gemeint, das ein Reiz haben muss, um eine erkennbare Reaktion hervorzurufen, zum Beispiel bei Geräuschen, Berührungen, Temperatur oder Schmerzen.

Kleinkind

Geringe Schwelle: „Auch wenn die Tür ganz leise zugeht, sieht sie sich sofort um."

Hohe Schwelle: „Sogar, wenn sie sich den Kopf stößt und eine Beule bekommt, verhält sie sich so, als sei nichts geschehen."

Vorschulkind

Geringe Schwelle: „Sie beschwert sich über jede Unterhose, bei der das Gummi auch nur ein bisschen zu eng ist."

Hohe Schwelle: „Ob ihre Kleidung weich oder kratzig ist, macht ihr überhaupt nichts aus. Sie fühlt sich darin immer wohl."

Mittlere Kindheit

Geringe Schwelle: „Sie ist immer die erst, die einen neuen Geruch oder eine Temperaturänderung im Raum wahrnimmt."

Hohe Schwelle: „Als sie vom Fußball nach Haus kam, hatte sie eine Blase am Hacken, aber das hatte sie noch gar nicht bemerkt, und sie hat auch nicht darüber gejammert."

Können Sie ein Beispiel zur sensorischen Reizschwelle Ihres Kindes benennen?

_____
_____
_____
_____

6. Stimmungslage

Der Anteil angenehmen, fröhlichen und freundlichen Verhaltens im Gegensatz zum Anteil unangenehmen, traurigen und unfreundlichen Verhaltens ist hier gemeint.

Kleinkind

Positive Stimmung: „Wenn sie sieht, dass ich ihre Saftflasche herausnehme, lächelt sie mich an und gluckst."

Negative Stimmung: „Wenn ich sie abends ins Bett bringe und hinausgehe, schimpft sie immer noch fünf bis zehn Minuten."

Vorschulkind

Positive Stimmung: „Sie rannte mit ihren neuen Schuhen hinaus, sang fröhlich vor sich hin und zeigte sie jedem, den sie traf."

Negative Stimmung: „Es ist typisch, dass sie vom Kindergarten kommt und unzählige Beschwerden über die anderen Kinder hat."

Mittlere Kindheit

Positive Stimmung: „Sie lehnt sich nie gegen ihre Pflichten zu Hause auf und tut alles, was man ihr sagt, mit einem Lächeln."

Negative Stimmung: „Die Schule hat erst vor einer Woche angefangen, aber sie hat schon über jeden Lehrer ein Beschwerdeliste."

Können Sie ein Beispiel zur Stimmungslage Ihres Kindes benennen?

_____
_____
_____
_____

7. Reaktionsintensität

Dies bezeichnet die Energie, welche in einer Reaktion zum Ausdruck kommt, und zwar ungeachtet der Qualität oder Richtung dieser Reaktion.

Kleinkind

Geringe Intensität: „Wenn sie ärgerlich ist, macht sie zwar etwas Theater, aber sie schreit nicht laut."

Hohe Intensität: „Wenn sie Musik hört, sprudelt sie vor Lachen einfach über."

Vorschulkind

Geringe Intensität: „Wenn sie ein neues Spielzeug mag, lächelt sie."

Hohe Intensität: „Wenn sie mit einem Puzzle Schwierigkeiten hat, schreit sie sofort und wirft die Teile umher."

Mittlere Kindheit

Geringe Intensität: „Ich weiß, dass sie sehr aufgebracht über ihre schlechte Klassenarbeit war, aber nach außen wirkte sie nur etwas bedrückt."

Hohe Intensität: „Sie machte einen Riesenaufstand, weil es im Restaurant nicht das Essen gab, das sie gerne wollte."

Können Sie ein Beispiel zur Reaktionsintensität Ihres Kindes benennen?

_____
_____
_____
_____

8. Ablenkbarkeit

Diese Kategorie soll messen, inwieweit unwesentliche Umweltreize ein gerade andauerndes Verhalten stören oder gar seine Richtung ändern können.

Kleinkind

Geringe Ablenkbarkeit: „Wenn sie Hunger hat und das Essen noch nicht fertig ist, ist es einfach unmöglich, sie durch Spielen abzulenken. Sie schreit so lange, bis sie gefüttert wird."

Hohe Ablenkbarkeit: „Wenn jemand vorbeigeht, während sie gestillt wird, guckt sie nicht nur hin, sondern hört auch auf zu saugen."

Vorschulkind

Geringe Ablenkbarkeit: „Wenn sie sich entschieden hat, nach draußen spielen zu gehen, und es fängt an zu regnen, macht sie Theater und akzeptiert keinen anderen Vorschlag."

Hohe Ablenkbarkeit: „Sie ist kein Nörgler. Wenn es die bestimmte Kekssorte, die sie haben möchte, im Supermarkt nicht gibt, fragt sie noch ein- bis zweimal, akzeptiert dann aber etwas anderes."

Mittlere Kindheit

Geringe Ablenkbarkeit: „Wenn sie erst mal angefangen hat, in einem Buch zu lesen, bekommen wir sie nicht davon weg, bevor sie das Kapitel fertig hat."

Hohe Ablenkbarkeit: „Für ihre Hausaufgaben braucht sie sehr lange, weil sie sich immer wieder ablenken lässt und sich mit anderen Dingen beschäftigt."

Können Sie ein Beispiel zur Ablenkbarkeit Ihres Kindes benennen?

_____
_____
_____
_____

9. Aufmerksamkeitsdauer und Durchhaltevermögen

Diese zwei Kategorien sind eng miteinander verbunden. Die Aufmerksamkeitsdauer bezeichnet die Zeitspanne, während eine bestimmte Handlung von dem Kind durchgeführt wird. Das Durchhaltevermögen bezieht sich auf das Weiterführen einer Aktivität trotz vorhandener Hindernisse, so dass die Richtung der Aktivität erhalten bleibt.

Kleinkind

Niedrige Ausdauer: „Wenn sich eine Perle nicht sofort auffädeln lässt, gibt sie gleich auf."

Kurze Aufmerksamkeitsspanne: „Obwohl sie ihren Teddy liebt, spielt sie jedes Mal nur ein paar Minuten mit ihm."

Hohe Ausdauer: „Sie spielt ständig an Steckdosen herum, und wenn ich sie davon wegziehe, versucht sie sofort, wieder hinzulaufen."

Hohe Aufmerksamkeitsspanne: „Wenn ich ihr eine alte Zeitschrift gebe, macht sie mindestens eine halbe Stunde lang Schnipsel daraus."

Vorschulkind

Niedrige Ausdauer: „Sie wollte lernen, wie man einen Hund an der Leine führt. Aber nach dem ersten Versuch verlor sie das Interesse."

Kurze Aufmerksamkeitsspanne: „Sie spielt gerne mit einem neuen Spielzeug, konzentriert sich aber nur einige Minuten darauf."

Hohe Ausdauer: „Wenn sie einen Bollerwagen herumzieht und damit irgendwo steckenbleibt, unternimmt sie alles Mögliche, bis er wieder fährt. Sie gibt nicht auf."

Hohe Aufmerksamkeitsspanne: „Sie kann eine Stunde lang völlig vertieft im Sandkasten spielen."

Mittlere Kindheit

Niedrige Ausdauer: „Sie versuchte, Schlittschuhlaufen zu lernen, aber als sie hinfiel, gab sie auf."

Kurze Aufmerksamkeitsspanne: „Sie liest gerne, aber jedes Mal nur eine halbe Stunde."

Hohe Ausdauer: „Wenn sie eine schwierige Rechenaufgabe aufhat, arbeitet sie zielstrebig daran und besteht darauf, sie ohne Hilfe zu lösen."

Lange Aufmerksamkeitsspanne: „Wenn sie in einem Theaterstück mitspielt, kann sie stundenlang dafür proben."[15]

---

[15] Die Beispiele sind entnommen: Stella Chess und Alexander Thomas, Know your Child, S. 28ff.

Können Sie ein Beispiel zur Ablenkbarkeit Ihres Kindes benennen?

_____
_____
_____
_____

Drei häufige Temperamentstypen

In der Auswertung ihrer Langzeitstudie weisen die Autoren insbesondere auf drei häufig auftretende Kombinationen von Temperamentsanteilen hin: Das „einfach zu handhabende Kind", das „schwierig zu handhabende Kind" und das „langsam zu erwärmende Kind."[16]

„Die Konstellation des einfach zu handhabenden Kindes ist gekennzeichnet durch Regelmäßigkeit des Verhaltens, positives Herangehen an neue Reize, hohe Anpassungsfähigkeit bei Veränderungen und heiterer oder mäßig intensiver Stimmungslage, die zudem vorwiegend positiv ist. Diese Kinder entwickeln rasch regelmäßige Schlaf- und Nahrungsgewohnheiten, nehmen neue Nahrungsmittel meistens leicht an, begegnen ihnen unbekannten Personen mit einem Lächeln, passen sich leicht einer neuen Schu-

---

[16] Stella Chess und Alexander Thomas, Know Your Child. S. 31ff. Die Autoren wählen die Begriffe „easy child", „difficult child" und „slow-to-warm-up-child". Ich habe Probleme, von dem „schwierigen Kind" zu sprechen, denn es bringt sofort eine negative Wertung mit sich. Das Kind muss nicht schwierig sein, die Temperamentsanteile sind lediglich für die Eltern schwer zu handhaben. Deswegen wähle ich lieber den Begriff „schwer zu handhabendes Kind".

le an, nehmen Enttäuschungen meistens ohne viel Geschrei hin und nehmen ohne Schwierigkeiten die Regeln neuer Spiele an."[17]

Beim „einfach zu handhabenden Kind" ist zu erwarten, dass der Tagesrhythmus (Kategorie 2) regelmäßig ist, bei Kategorie 3 (Annäherung und Rückzug) mehr positive Annäherung vorliegt, und natürlich die Kategorien 4 (Anpassungsfähigkeit) und 7 (Reaktionsintensität) stark positiv ausgeprägt sind.

Diese Kinder sind für Kinderärzte, Erzieher und Lehrer meistens eine Freude. Die Eltern, die ein oder mehrere dieser Exemplare in ihrer Familie haben, dürfen sich glücklich schätzen. Das sind so richtige Vorzeigekinder – der Stolz der Eltern! Meistens wissen diese Eltern nicht, dass sie ihr Glück lediglich der Vererbung verdanken und nicht ihren hervorragenden pädagogischen Leistungen. Sonst würden sie nämlich nicht so hart über andere Eltern urteilen.

Am entgegengesetzten Ende des Temperamentsspektrums befindet sich das „schwierig zu handhabende Kind", das gekennzeichnet ist „von Unregelmäßigkeiten in den biologischen Funktionen, negativem Rückzugsverhalten gegenüber neuen Reizen, Unfähigkeit zur Anpassung oder langsamer Anpassung gegenüber neuen Reizen, Unfähigkeit oder langsamer Anpassung gegenüber Veränderungen und intensivem, häufig negativem Stimmungsausdruck. Diese Kinder haben unregelmäßige Schlaf- und Essensgewohnheiten, gewöhnen sich nur langsam an neue Nahrungsmittel, brauchen länger, um sich an neue Routinehandlungen, Menschen oder Situationen zu gewöhnen und weinen recht häufig und laut-

---

[17] Thomas / Chess, Temperament und Entwicklung. S. 18.

stark. Ihr Lachen ist auch bezeichnenderweise laut. Frustrationen erzeugen bei ihnen typischerweise heftige Launen."[18]

Bei den Kategorien 2 (Tagesrhythmus) und 3 (Annäherung oder Rückzug) beobachtet man eine nahezu negative Umkehrung des Verhaltens im Vergleich zum „leicht zu handhabenden Kind". Bei Kategorie 4 (Anpassungsfähigkeit) muss ein „schwer/nicht anpassungsfähig" angekreuzt, und die Kategorien 6 (Stimmungslage) und 7 (Reaktionsintensiv) müssen mit „negativ" gekennzeichnet werden. Bei diesem Typ ist auch zu erwarten, dass bei der Kategorie 9 (Aufmerksamkeitsdauer und Durchhaltevermögen) Probleme auftauchen.

Eltern und Erzieher stöhnen zu Recht beim Umgang mit diesen Kindern. Mit diesen Temperamentsanteilen zurechtzukommen ist definitiv schwerer. Manche Eltern gewöhnen sich relativ leicht an solch ein Kind, während andere ständig klagen, oft nur, weil ein „einfaches Kind" bequemer wäre.

Diese Eltern brauchen auf jeden Fall hilfreiche Tipps, wie sie besser auf ihr Kind eingehen können. Wenn diesen schwierig zu handhabenden Kindern jedoch genügend Zeit gewidmet und geduldig mit ihnen umgegangen wird, lernen sie es doch noch, sich gut anzupassen, besonders wenn die Personen und Aufenthaltsorte in ihrer Welt konstant bleiben.

Außerdem müssen diese Eltern getröstet werden, denn sie sind für dieses anstrengende Temperamentsmuster schließlich nicht verantwortlich, auch wenn sie durch ihr Verhalten die schwierigen Reaktionen abschwächen oder verstärken können.

---

[18] Thomas / Chess, Temperament und Entwicklung. S. 18.

Die dritte nennenswerte Temperamentskonstellation kann als „langsam zu erwärmendes Kind" bezeichnet werden. „Es ist gekennzeichnet von einem Zusammenspiel leichter negativer Reaktionen auf neue Reize und langsamer Anpassungsfähigkeit an neue Situationen nach wiederholtem Kontakt. Im Gegensatz zu den schwierig zu handhabenden Kindern reagieren diese Kinder im positiven wie negativem Sinne eher weniger intensiv; sie zeigen auch weniger Neigung zu Unregelmäßigkeiten bei den biologischen Funktionen. Die leicht negativen Reaktionen auf neue Reize können bei der ersten Begegnung mit dem Bad, einem neuen Lebensmittel, einem Fremden, einem neuen Ort oder einer neuen Schulsituation beobachtet werden. Wenn die Kinder die Möglichkeit erhalten, solche neuen Situationen mit der Zeit wiederholt zu erfahren und dies, ohne dass Druck auf sie ausgeübt wird, zeigen sie allmählich und unauffällig positives Interesse und Engagement."[19] Langsam zu erwärmende Kinder können auch als schüchtern bezeichnet werden, solange man damit nicht Ängstlichkeit oder Feigheit meint.

Bei diesem Typ fallen die Kategorie 3 (Annäherung oder Rückzug) und 4 (Anpassungsfähigkeit) sofort ins Auge, denn es wäre nicht „langsam zu erwärmend", wenn es sich bei diesen zwei Kategorien nicht im negativen Spektrum befinden würde. Auch bei der Stimmungslage (Kategorie 6) wird man erst nach langem Zögern positive Reaktionen erwarten können. Bei den anderen Kategorien bewegt es sich mehr im Mittelbereich.

Ähnlich wie bei dem „schwierig zu handhabenden Kind" brauchen Eltern bei einem „langsam zu erwärmenden" einige besondere Ratschläge, um es zu ermutigen und zu lenken.

---

[19] Thomas / Chess, Temperament und Entwicklung. S. 19.

Bei einem Seminar hat Claudia einmal die anwesenden Mütter schätzen lassen, wie hoch der prozentuale Anteil der drei Temperamentstypen sein mag. Fast alle Mütter meinten, ausgerechnet sie hätten schwierig zu handhabende Kinder; dementsprechend schätzten sie den Anteil in diese Gruppe auf über 50 Prozent und den der einfachen Kinder auf rund 10 Prozent.

Claudia musste lachen und konnte sich des Eindrucks nicht erwehren, dass die Mütter entweder Probleme sahen, wo es eigentlich keine gab, oder durch ihre Art aus einfachen Kindern schwierige gemacht hatten. Die Langzeitstudie nennt jedenfalls ganz andere Zahlen: Ungefähr 40 Prozent der Teilnehmer gehörten der Gruppe der temperamentsmäßig einfachen Kinder an, nur etwa 10 Prozent waren „schwierig zu handhaben", und 15 Prozent gehörten zur Gruppe der „langsam zu erwärmenden Kinder".

Jetzt sagen Sie vielleicht: „Halt! Das sind doch nur 65 Prozent. Was ist mit dem Rest?"

Gerade das finde ich gut an der Untersuchung: Die Psychologen versuchten nicht, krampfhaft alle Kinder irgendwie in ein Muster zu pressen. Nur gut zwei Drittel der untersuchten Kinder passten in eine dieser drei Gruppen. Manche Kinder haben andere Merkmalkombinationen. Selbst bei den Kindern, die sich zuordnen lassen, gibt es eine große Bandbreite: Einige sind in praktisch allen Situationen einfach zu handhaben, andere nur in ganz bestimmten. Manche sind in allen neuen Situationen extrem schwierig, andere nur in wenigen usw.

Eine erste Einschätzung

Ich möchte Sie jetzt schon einmal den Versuch wagen lassen, die Temperamentsanteile Ihres Kindes einzuschätzen. Vermutlich werden Sie sich Ihr Ergebnis am Ende des Buches, wenn Sie noch mehr darüber wissen, wieder vornehmen und es korrigieren.

Die Autoren der Studie stellten bei ihren Erhebungen fest, dass die charakteristischen Verhaltensweisen eines Kleinkindes zwischen der vierten und der achten Lebenswoche Form und Gestalt anzunehmen begannen.[20] Bei einem Neugeborenen ändert sich das Verhalten von Tag zu Tag so sehr, dass eine Datengewinnung zu spekulativ verlaufen würde. Aber bei einem nahezu zwei Monate alten Säugling dürfen sich die Eltern ruhig eine Beobachtung zutrauen. Die Datengewinnung wird erleichtert, da es bei der Feststellung der Temperamentsanteile um objektiv beobachtbare Verhaltenseigenschaften geht, die auch einem aufmerksamen Laien zuzutrauen sind: Um motorische Abläufe, Essensgewohnheiten, Schlaf-Wach-Rhythmus, Lachen, Weinen, Schreien, Annäherung, Rückzug usw. Bitte konzentrieren Sie sich auf die direkte Beobachtung - die Beschreibung des tatsächlichen Verhaltens -, und stellen Sie Vermutungen und Wertungen hintenan. Von besonderer Bedeutsamkeit sind vor allem Erstreaktionen des Kindes - wie zum Beispiel auf das erste Bad, ein neues Nahrungsmittel oder Spielzeug, eine neue Umgebung oder Person. Die Reaktionsabläufe bei neuen Reizen, Situationen und Anforderungen ergeben besonders reichhaltige Informationen über das individuelle Temperament des Kindes. Ergänzen Sie sich bei den Beobachtungen mit Ihrem Partner und/oder ziehen Sie das

---

[20] Thomas / Chess, Temperament und Entwicklung. S. 16.

Urteil einer vertrauten Person oder der Tagesmutter beziehungsweise der Erzieher/innen mit ein.

Lesen Sie sich die Beschreibungen zu den einzelnen Temperamentsmerkmalen noch einmal durch, vergleichen Sie die aufgeführten Beispiele mit Ihrem Kind, und kreuzen Sie in der zutreffenden Spalte jeweils eine der drei Möglichkeiten an.

Temperaments-Kategorie	Name des Kindes	Name des Kindes	Name des Kindes
1. *Aktivität*			
stark			
durchschnittlich			
schwach			
2. *Tagesrhythmus*			
regelmäßig			
veränderlich			
unregelmäßig			
3. *Annäherung/ Rückzug*			
Annäherung			
veränderlich			
Rückzug			
4. *Anpassungsfähigkeit*			
anpassungsfähig			
veränderlich			
nicht anpassungsfähig			

Temperaments-Kategorie	Name des Kindes	Name des Kindes	Name des Kindes
5. Empfindungsschwelle			
hoch			
durchschnittlich			
niedrig			
6. Stimmungslage			
positiv			
veränderlich			
negativ			
7. Reaktionsintensität			
positiv			
veränderlich			
negativ			
8. Ablenkbarkeit			
ja (ablenkbar)			
veränderlich			
nein			
9. Aufmerksamkeitsdauer und Durchhaltevermögen			
ja (ausdauernd)			
veränderlich			
nein			

Besonderheiten und Eigenarten besser verstehen

Damit es Ihnen leichter fällt, auf die Temperamentsanteile Ihres Kindes einzugehen und es entsprechend zu fördern, möchte ich Ihnen beschreiben, wie wir gelernt haben, uns auf unsere Kinder besser einzustellen.

Die Typeneinteilung nach extrovertierten und introvertierten Menschen oder die Gliederung nach Hippokrates (Sanguiniker, Phlegmatiker, Choleriker und Melancholiker) sind vielen vertraut. Wir haben uns darüber hinaus intensiv mit dem Persönlichkeitsprofil nach DISG[21] befasst. Gerade weil Claudia und ich sehr unterschiedliche Typen sind, hat es uns in unserer Paarbeziehung enorm geholfen. Auch hat es Freude gemacht und stark zum Familienfrieden beigetragen, als wir den Test mit unseren älteren Kindern durchgegangen sind. Es ist uns allerdings schwergefallen,

---

[21] DISG ist genau genommen kein Persönlichkeitsprofil, sondern ein Verhaltensprofil. Denn DISG beschreibt und gliedert Verhalten, das jedermann beobachten kann, ob Fachmann oder Laie. DISG steht für vier Grundverhaltensstile „dominant", „initiativ", „stetig", und „gewissenhaft". Für Kleinkinder bis ins Grundschulalter ist es ratsam von den hier vorgestellten Temperamentstypen nach Chess und Thomas auszugehen. Kommen die Kinder dann ins Teenageralter, ist es ideal, die erworbenen Erkenntnisse nach dem DISG Persönlichkeitsprofil zu vertiefen. Siehe: Mühlan, UNTERSCHIEDE machen reich. Persönlichkeitstypen in der Familie erkennen und fördern, MühlanMedien (erscheint Herbst 2014).

das DISG Persönlichkeitsprofil auf Kleinkinder zu beziehen. Als wir uns dann jedoch mit den Forschungen von Chess und Thomas befassten, war es für uns regelrecht befreiend. Endlich einmal Material, das sich direkt auf Kleinkinder anwenden lässt!

Wir beobachteten unsere Kinder anhand der neun Temperamentskategorien und entdeckten in unserer Schar prompt alle drei Temperamentstypen: Das einfach zu handhabende Kind, einige sogenannte schwierig zu handhabende Kinder und natürlich auch das langsam zu erwärmende Kind.

Sofort gingen uns einige typische Fehler auf: Von einem offensichtlich langsam zu erwärmenden Kind hatten wir einfach zu viel erwartet und es dadurch nicht gerade ermutigt. Ein anderes hielt sich oft nicht an unsere Anweisungen. „Ja, Papa, das mach ich doch gerne", sagte das Mädchen, und dann „vergaß" sie es doch. Wir neigten dazu, das als Ungehorsam einzuordnen, mussten uns allerdings korrigieren und akzeptieren, dass das Mädchen eine geringe Aufmerksamkeitsspanne hat.

Ihnen wird es vermutlich ähnlich gehen, wenn Sie jetzt von unseren Erkenntnissen und Lernschritten lesen. Einiges werden Sie auf Ihre Familie übertragen können und dadurch auch zu einem besseren „Zusammenspiel" kommen.

Das einfach zu handhabende Kind

Für ein Kind mit ausgeglichenem Niveau in den verschiedenen Temperamentszügen brauchen Sie normalerweise keine besondere Erziehungsstrategie. Unsere Tirza ist so eine. Als Kleinkind war ihr Aktivitätsniveau wunderbar ausgeglichen.  Was Schlafen und Essgewohnheiten betraf, war ihr biologischer Rhythmus schon frühzeitig wohltuend auf Erwachsenenbedürfnisse ausgerichtet. Wenn ich allein an die Sauberkeitserziehung im Alter von zweieinhalb Jahren zurückdenke! Es war im Sommerurlaub. Wir ließen sie einfach ohne Windel herumlaufen. Sobald sie eine verdächtige Stellung einnahm, setzten wir sie aufs Töpfchen und lobten sie überschwänglich, wenn ihr „Geschäft" darin zu finden war. Am Ende des Urlaubs war sie „stubenrein". Naja, wenn das mit allen so gelaufen wäre, gäben wir bestimmt unbarmherzige Erziehungsberater ab.

Alle unsere Kinder mussten sich daran gewöhnen, viel mit uns zu reisen – nicht nur in den Urlaub, sondern auch zu Seminaren. Im Vergleich zu den anderen verblüffte mich Tirzas Anpassungsfähigkeit geradezu. Kamen wir in ein neues Freizeithaus und zeigten ihr unser Zimmer, den Speisesaal und den Seminarraum, fand sie sich bereits mit drei Jahren in dem Gängegewirr zurecht. In der Kindergruppe bereitete sie „selbstverständlich" keine Probleme. Ich brauche nicht zu erwähnen, dass sie neuen Menschen gegenüber zwar zurückhaltend war, jedoch eine überwiegend positive Stimmungsqualität, eine geringe Ablenkbarkeit und ein hohes Durchhaltevermögen hatte.

Nun werden Sie nicht gleich neidisch! Bei so vielen Kindern sollte uns ruhig einmal ein „pflegeleichtes" Exemplar gegönnt sein.

Aber wenn man nicht aufpasst, kann so ein Musterkind schließlich doch Probleme bereiten. Nämlich, wenn es als „Vorzeige-Kind" missbraucht wird und den anderen Geschwistern anhand dieses „Vorbildes" ständig ihre Schwächen unter die Nase gerieben werden. Das „pflegeleichte" wird eingebildet, und die Geschwister werden zu Rivalen.

Es kann aber auch anders aussehen: Vor lauter Sorgen um andere, aufmüpfigere Geschwister und vor lauter Kämpfen mit ihnen gerät das „brave" ganz in Vergessenheit. Es bereitet ja schließlich keine Probleme und bekommt dadurch vielleicht zu wenig Aufmerksamkeit. Das ist eine Gefahr, die auch uns treffen könnte. Als wir Tirza und ihre jüngere Schwester einmal eine Woche allein hatten, weil alle anderen Geschwister auf Freizeiten waren, entdeckte ich, dass sie gar keine „Stille" ist, sondern ein richtiges Plappermäulchen. Das war mir vorher gar nicht so aufgefallen. Von da an habe ich aufgepasst, dass die Kleine mich öfters mal ganz für sich alleine haben konnte.

Ich denke an den Kummer einer meiner Freunde: Seine Tochter wuchs inmitten wilder Jungs brav und unscheinbar heran – und dann als Teenager „flippte sie aus". Seinen entsetzten Ausspruch habe ich nicht vergessen: „Aber sie war doch immer so brav…"

Vorsicht bei den „Braven" und „Unscheinbaren"! Geben Sie auch ihnen stets die gebührende Aufmerksamkeit, damit sie diese nicht eines Tages mit Gewalt auf sich ziehen.

Das schwierig zu handhabende Kind

Eltern mit einem oder mehreren vom Temperament schwer zu handhabenden Kindern brauchen zunächst einmal Ermutigung und die Entlastung, dass es nicht allein ihre Schuld ist, wenn es manchmal „munter" zugeht – und dann brauchen sie Tipps für spezielle Situationen. Wer sich mit einem „schwierig zu handhabenden Kind" gut arrangieren kann, gehört zu den wahren Pädagogen!

Aktivitätsniveau: „Zappel nicht immer so herum!"
(Kategorie 1)

Fast alle diese Kinder zeichnen sich durch eine hohe Aktivität aus, die allerdings noch im normalen Rahmen liegt und deshalb nicht mit Hyperaktivität verwechselt werden darf.

Schon beim Wickeln müssen Sie sehr wachsam sein. Eine schwungvolle Drehung zur Seite, und schon droht das Energiebündel von der Wickelkommode zu stürzen. Unsere Marie haben Claudia und ich kurzerhand auf dem Teppichboden gewickelt.

Maries Schlafstil war absoluter Wahnsinn! Jedes Kinderbettchen war ihr zu klein. Als wir sie in einem superbreiten Hotelbett einmal zwischen uns legten, weil das Babybettchen ein Winzling war, erlebte ich das Ausmaß ihrer nächtlichen Aktivität. Im Tiefschlaf spannte sie die Beine wie zum Hochsprung und schnellte nach hinten weg – mitten auf meinen Brustkorb. Mir blieb die Luft weg. Und so ging es die halbe Nacht.

Was meinen Sie, was für ein Bett sie als Kleinkind hatte? Als sie genau ein Jahr alt war, zog sie in das untere Etagenbett ihrer größeren Schwester. Die Seiten und Enden waren mit Schaumstoffstreifen wunderbar ausgepolstert. Nachts hörten wir manchmal ein dumpfes Poltern, und morgens fanden wir sie dann in irgendeiner Bettecke wieder.

Lange Autofahrten mit sehr aktiven Kindern können zur Qual werden. Deshalb bemühten wir uns, Maries Schlafenszeiten in die Fahrten zu integrieren. Statt nachmittags nach ihrem Mittagsschlaf zu starten, fuhren wir lieber gleich nach dem Essen und hatten dann, während sie schlief, wenigstens für ein bis zwei Stunden Ruhe, ehe das Getobe wieder losging. Und dann musste – oh, wie anstrengend – für Beschäftigung gesorgt und regelmäßig Pause gemacht werden. Sie hätten unsere Kleine mal sehen sollen, wenn wir auf dem Parkplatz hielten: Wie eine Rakete jagte sie jauchzend den Weg entlang: Da sah man ihr so richtig an, dass sie sich ihre Energie abstrampeln musste.

In einem der Urlaube waren wir eine dreiviertel Stunde auf eine kleine Fähre gepfercht, die zu einer Insel tuckerte. Was interessieren eine Zweijährige Wind und Wellen? Geschlagene fünfundvierzig Minuten sprang sie ununterbrochen von der siebten Treppenstufe in meine Arme, strampelte sich frei, kletterte die sieben Treppenstufen hoch, sprang in meine Arme, strampelte sich frei, kletterte die sieben Treppenstufen hoch... Für meine Ausdauer erntete ich viele bewundernde Blicke; aber, wenn ich mich nicht täuschte, auch einige missbilligende, weil ich den kleine Racker einfach nicht zur Ruhe zwang. Aus Erfahrung wusste ich jedoch eins: Genau das wäre für dieses Temperamentsmuster eine Kriegserklärung gewesen! Letztlich hatte ich so weniger Energie verbraucht, als wenn ich ein schreiendes, zappeliges Kind mit Gewalt fünfundvierzig Minuten lang in eine „Zwangsjacke" gesteckt hätte.

Gottesdienste können mit solchen Kindern eine Tortur werden. Kennen Sie auch die missbilligenden Blicke der Eltern, deren „Wunderkinder" tatsächlich die ganze Zeit ruhig und schmusig auf dem Schoß hocken? Da könnte man an sich selbst zweifeln, wenn man nicht um die wahren Ursachen wüsste... Nehmen Sie ein paar Spielsachen mit, die nicht klappern, und wenn es zu schlimm wird, nichts wie an die frische Luft!

Bei schlechtem Wetter oder einem trüben Wintertag können Kinder mit hohem Aktivitätsniveau unausstehlich werden. Gewähren Sie ihnen bloß die nötige Bewegung! Wir haben bei unserer Schar zwischen Draußen- und Drinnen-Kindern unterscheiden gelernt. Manche fühlen sich draußen am wohlsten: Toben, sich sportlich betätigen, mit dem Fahrrad umherstreifen, sich eindrecken, basteln, reparieren... Das ist ihre Welt! Wehe, es regnet, und sie können nicht nach draußen! Ihnen haben wir im Haus eine Tobe-Ecke eingerichtet mit einer Matratze zum Purzelbaum-Schlagen, Schaumstoffwürfeln zum Runterspringen und einer Schaukel zum Träumen von fernen Ländern und Abenteuern. Eine wohlsortierte Spielecke kann sie nicht begeistern. Was sie brauchen, ist eine Bastelecke mit Hammer, Nägeln, Tuschkasten, Holzresten und Haushaltsabfällen, um sich kreativ auszutoben.

Ich möchte Ihnen nahelegen, sich auf ein energiegeladenes Kind entsprechend einzustellen. Es gibt halt Kinder, die genetisch bedingt aktiver sind als andere. Diesen Antrieb ständig zu unterdrücken macht alle Beteiligten schließlich nur unglücklich. Wappnen Sie sich mit Geduld und starken Nerven! Haben Sie sich nämlich einmal bewusst darauf eingestellt und die richtigen Maßnahmen in Ihrer „Trickkiste", können Sie mit diesem Temperament leichter umgehen.

So, wie es genetisch bedingt sehr aktive Kinder gibt, kann auch eine auffällige Langsamkeit genetisch bedingt sein. Bei einem Säugling fällt das nicht besonders auf, seine Ruhe wird sogar als angenehm empfunden.

Eine meiner Mitarbeiterinnen kam mit ihrem etwa sechs Monate alten Säugling auf dem Arm zur Rezeption des Freizeithauses und wollte mir den Empfang der Seminarteilnehmer abnehmen. Ich schaute sie groß an, denn nach meinen jüngsten Erfahrungen mit Marie stellte ich mir das mit einem Baby äußerst schwierig vor. „Das ist doch kein Problem", meinte sie sicher. Und tatsächlich, da lag doch der kleine Kerl fast eine geschlagene Stunde ruhig auf dem Tisch und lächelte jeden Neuankömmling gönnerhaft an. Da habe ich aber gestaunt! Diese Mutter wird sich eventuell wundern, wenn das nächste kommt…Aber da sie dieses Buch bestimmt lesen wird, wird sie verstehen, sich darauf einzustellen.

Bleibt ein Kind so ruhig, können seine langsamen Bewegungen fälschlicherweise als Entwicklungsverzögerung gedeutet werden, als unterdurchschnittliche Intelligenz oder als Unwilligkeit, auf die Eltern zu hören.

Außerdem kann es eine Familie ganz schön irritieren: Alle sind fertig zum Spazierengehen, und ER kommt schon wieder nicht in die Gänge…

Solch ein Kind darf nicht falsch eingeschätzt oder gar bestraft werden. Wenn Eltern seine Langsamkeit richtig einordnen, kann sich die gesamte Familienatmosphäre entspannen, denn sonst treiben nicht nur die Eltern das Kind ständig an, Geschwister können es auch ganz schön hänseln.

Ein Kind mit geringem Aktivitätsniveau kann geschult werden, Situationen vorauszuplanen und seine Langsamkeit damit auszugleichen. Kleidung und Schulsachen können schon am

Abend zuvor zurechtgelegt werden. Es kann auch eher als die anderen anfangen, aufzuräumen oder sich für die Autofahrt fertigzumachen. Vor allem darf es nicht unnötig unter Druck gesetzt und gehänselt werden. Damit wir uns nicht falsch verstehen: Es geht nicht darum zu resignieren und das Kind so zu lassen. Nein, sondern darum, es zunächst einmal zu akzeptieren, wie es ist und dann das Beste aus seinem Typ zu machen.

Es kann lernen, mit seiner Langsamkeit zu leben und sie zu akzeptieren, dass es beispielsweise für Hausaufgaben zwar länger braucht, aber deswegen nicht dumm ist. Es ist sogar ratsam, ihm humorvolle Sprüche beizubringen, mit denen es sich behaupten kann: „Lasst man, auch eine Schnecke kommt zum Ziel!"

Tagesrhythmus: „Wann schläfst du endlich durch?" (Kategorie 2)

Alle unerfahrenen, jungen Eltern schauen neidisch auf ein Baby, das nach drei Wochen schon durchschläft, zielstrebig Brust oder Flasche leernuckelt, sich ohne Protest auf Brei umstellen lässt und dessen volle Windel beinahe vorherzusagen ist.

Diese Prachtexemplare gibt es – aber leider zu selten. Ich wünschte allen Eltern so eins als erstes Kind, damit sie nicht den Mut für weitere Kinder verlieren. Denn das kann einem wirklich passieren, wenn das erste Baby ein Kandidat mit unregelmäßigem biologischem Rhythmus ist.

Aber es ist durchaus normal, in den ersten Monaten zwei- bis fünfmal nachts aufzustehen und das Baby kurz anzulegen. Manche Babys machen erst nach Monaten einen Unterschied zwischen Tag und Nacht, sie scheinen zunächst keinen Rhythmus zu finden.

Ähnlich schwierig kann dann die Sauberkeitserziehung werden. Ganz abgesehen davon, dass erst eine bestimmte körperliche und seelische Reife vorliegen muss, bevor das Kind die Schließmuskeln bewusst betätigen kann, wird sich ein sehr aktives mit unregelmäßigem Rhythmus schwerer tun. Nur nicht aufregen, sondern gelassen bleiben! Eins unserer Kinder war ein richtiger „Töpfchen-Sitzer". Sie fand es schön, auf dem Töpfchen zu hocken, dabei in einem Bilderbuch zu blättern und geduldig zu warten, bis der Berg im Töpfchen dampfte. Später fanden wir heraus, dass sie zu den „langsam zu erwärmenden" Vertretern gehört.

Nicht so unsere schon zitierte Marie: Noch nicht einmal fünf Sekunden blieb sie beim ersten Versuch sitzen. Vielmehr hielt sie das Töpfchen für einen Hut und stolzierte mit dem Ding auf dem Kopf durch die Tür, sobald sich Claudia auch nur einen Moment umdrehte. Diese Vorstellung reichte, um das Thema Töpfchen um ein Vierteljahr zu verschieben.

Natürlich muss auch solch ein Kind sauber werden, Schlafgewohnheiten entwickeln und sich an regelmäßige Essenszeiten gewöhnen. Es wird allerdings nicht so glatt laufen wie bei einem anderen Kind. Diese Dinge sind es nicht wert, zu einem täglichen Kleinkrieg zu werden. Sie müssen Ihre Erwartungen zurückschrauben und einige Monate später mit dem Einüben beginnen, auch wenn andere Kinder schon ein Stück „weiter" sind. Was bei einem Zweijährigen mit einer Katastrophe endet, klappt ein halbes Jahr später schon viel besser. Aber dann müssen sie beständig und geduldig dabeibleiben, stets das individuelle Vermögen Ihres Kindes im Blick behaltend.

Eine kleine Hilfe zum Schlafengehen: Achten Sie bei einem Kleinkind mit unregelmäßigem Schlafrhythmus darauf, dass es immer zur gleichen Zeit bettfertig ist – in seinem Bettchen darf es dann noch Bücher anschauen. Dieser Forderung kann es eher nachkommen, als wenn Sie erwarten, dass es sofort die Augen schließt und einschläft. Die Regelmäßigkeit ist wichtig und Bücher angucken eine beruhigende Tätigkeit.

Später bekommt es ohnehin einen regelmäßigeren Rhythmus: Schulbeginn, Mahlzeiten, Hausaufgaben und Spielzeiten lösen sich ab. Es ist klug, stets auf wiederkehrende Abläufe zu achten.

Empfindungsschwelle: „Stell dich nicht so an!" (Kategorie 5)

Es gibt Kinder, die nachts beim kleinsten Geräusch aufschrecken oder bei einer lärmenden Kindergruppe genervt in eine ruhige Ecke fliehen. Auch das muss berücksichtigt werden.

Früher haben wir es wirklich für Anstellerei gehalten, wenn Mirke einen Pullover einfach nicht anziehen wollte oder ständig maulte, dass der Schlüpfer kneift. Da könnte man aber auch aus der Haut fahren… Und wenn Claudia an das Haare kämmen denkt: Was war Mirke da empfindlich! Inzwischen hat sie zwei kleine Töchter. Als wir neulich zu Besuch waren, stöhnte unsere Tochter über ihre Älteste: „Ach, was ist Alena empfindlich mit ihren Haaren. Ich darf sie aber auch kaum kämmen…"

Inzwischen haben wir gelernt, dass Kinder tatsächlich erstaunlich unterschiedliche Empfindungsschwellen haben, und bemühen uns, unsere Sprüche zu lassen und darauf Rücksicht zu nehmen.

Reaktionsintensität: „Musst du immer losbrüllen?" (Kategorie 7)

Ich habe ja schon erzählt, wie lautstark unsere Einjährige vor Ungeduld losschrie, als sie die Duplo-Steine nicht aufeinander bekam.

Verständlicherweise ist es für Eltern „schwierig zu handhaben", wenn ein Kind sehr intensiv reagiert, indem es zum Beispiel losbrüllt, sich auf den Boden schmeißt und nicht beruhigen lässt.

Wie kann man da zu einem guten Zusammenspiel kommen? Auf alle Fälle ist es wertvoll zu wissen, dass dieses Verhalten nicht immer gleich Rebellion ist, sondern zum Stimmungsmuster des Kindes gehört. So ein Typ wird immer heftiger und lauter reagieren, ob er sich nun ärgert oder freut. Damit muss man sich abfinden.

Manchmal führen pure Missverständnisse zu Wutausbrüchen. Marie konnte kaum laufen, da tapert sie in die Küche und ruft vehement: „Kau!" Diesen Urschrei konnten wir bereits als Wunsch, etwas zu trinken, entschlüsseln. Ich reiche ihr ein Glas Milch. Sie: „Nein!" Ich zeige auf das Mineralwasser. Sie schlägt danach und heult auf. Nach einem weiteren ergebnislosen Versuch reiche ich ihr endlich ein Glas Orangensaft, und mit einem gönnerhaften Blick schlürft sie ihn hinunter. Ich wische mir den Schweiß von der Stirn. Die Kleine wusste von Anfang an genau, was sie wollte – nur ich nicht. Darum der Gefühlsausbruch: „Wann kapiert Papa endlich, dass ich Orangensaft will?" Als sie dann einen größeren Wortschatz besaß und auch den Begriff „Kau" differenzieren konnte, blieben diese heftigen Auseinandersetzungen aus.

Entscheidend ist, wie Sie auf das Kind eingehen. Durch unkluges Verhalten machen Sie manches nur noch schlimmer. Zurückbrüllen, wenn solch ein Kind schreit, kann zu einer Eskalation führen. Das eine Kind möchte nach einem Ausbruch einfach in Ruhe gelassen werden, einem anderen hilft Ablenkung, und ein drittes braucht Trost, indem Sie es in den Arm nehmen. Was wirkt bei Ihrem Kind am besten? Probieren Sie es aus!

Bei einem etwas älteren Mädchen - so im Grundschulalter, das sehr spontan reagieren konnte – glücklicherweise meistens positiv-, war es bei dicker Luft besser, sie einfach in Ruhe zu lassen. Es erwies sich als klüger, die Angelegenheit nicht in der Hitze des Gefechts anzusprechen, sondern erst dann, wenn sie sich wieder beruhigt hatte. Damit fuhren wir gut!

Bei einer anderen war es richtig, sie nicht allzu lange allein zu lassen, sondern Verständnis für die aufgewühlten Gefühle auszusprechen, Versöhnung anzubieten, sie in den Arm zu nehmen und zu trösten.

Bei Kleinkindern macht sich Ablenkung ganz gut: „Marie, magst du mir beim Puddingkochen helfen?" Und schon trocknen die Tränen…

Negative Auswüchse müssen natürlich gesteuert werden. Die Grenze ist erreicht, wenn Gegenstände durch die Luft fliegen, andere mit Fäusten traktiert werden oder das Geschrei nicht enden will. Halten Sie das kleine Händchen ruhig ein klein wenig schmerzhaft fest, und betonen Sie nachdrücklich, dass dies nicht erlaubt ist. Oder isolieren Sie das Kind, entweder, indem Sie weggehen und es so keinen Zuschauer mehr hat, oder, indem Sie das Kind in sein Zimmer bringen und es einige Minuten zum „Abkühlen" allein lassen.[22]

---

[22] Viele Eltern haben mit ihrem Kleinkind gute Erfahrungen mit der sogenannten „ruhigen Ecke" gemacht. Die „ruhige Ecke" ist ein Ort - zum Beispiel ein Kinderstuhl - und eine Zeit zum Abkühlen für Kind und Eltern. Die Idee dabei ist, dem Kind bei einer Auseinandersetzung für wenige Minuten Einhalt zu gebieten, ihm dabei die Aufmerksamkeit zu entziehen, um das unerwünschte Verhalten nicht zu verstärken und es dadurch zur Einsicht zu bringen. Mehr dazu in: Claudia Mühlan, Bleib ruhig, Mama! Tipps für die ersten drei Jahre, Hänssler, S. 129.

Ablenkbarkeit: „Musst du aber auch alles vergessen?" (Kategorie 8)

Alles hat seine Vor- und Nachteile. Ein leicht ablenkbares Kleinkind zum Beispiel ist in vielen Situationen einfach zu handhaben. Wenn es sich beim Wickeln sträubt oder wenn es zur Steckdose krabbelt, lässt es sich schnell mit einem Spielzeug ablenken. Es zu füttern kann allerdings ein Problem sein. Den Drehungen des Kopfes kann man mit dem Löffel gar nicht schnell genug folgen.

Ein schwer ablenkbares Kind dagegen bewegt beim Trinken noch nicht einmal den Kopf, wenn neben ihm ein Bauklotzturm krachend zusammenfällt. Dafür ist mit ihm keine schnelle Änderung der täglichen Routine zu erreichen. Wenn es den neuen Spielanzug nicht mag, hilft auch kein Klappern mit der Rassel.

Bei älteren Kindern kehren sich die Probleme um. Das leicht ablenkbare Kind vergisst häuft seine Aufgaben und ist eher durcheinander. Jetzt ist es wichtig, dass sich seine Eltern richtig verhalten und dies nicht vorschnell als Faulheit oder Auflehnung auffassen.

Das musste ich nämlich bei unserer Tochter lernen. Ines war als Kind ein Sonnenschein und ist es immer noch. Fast allem konnte sie noch eine positive Seite abgewinnen. Bat ich sie, etwas für mich zu tun, zum Beispiel vorm Schlafen noch den Hund hereinzuholen, trällerte sie: „Aber natürlich, Papa. Das mach' ich doch gerne!" Und dann zog sie ab, traf auf der Treppe ihre Schwester, und alles war vergessen... Ein bellender Hund im Hof reißt mich nach Mitternacht aus dem Tiefschlaf, und ich wanke im Bademantel nach draußen, um ihn hereinzulassen. In solch einem Zustand hegt man nicht gerade die freundlichsten Gedanken.

Ich bin schließlich zu der Einsicht gekommen, dass dieses Mädchen einfach leicht ablenkbar ist. Da bewirken Schimpfen und Strafen wenig Änderung. Solch ein Typ muss das Sprichwort auswendig lernen: „Was man gleich tut, das vergisst man nicht." Ihm muss man genau erklären, was erwartet wird, und ihn die Aufgabenstellung dann wiederholen lassen. Er braucht Erinnerungshilfen, zum Beispiel einen Aufgabenzettel über dem Schreibtisch, den er sich mehrmals täglich anschaut. Seine Pflichten, beispielswiese Klavierspielen, sollte er jeden Tag möglichst zur gleichen Zeit erledigen. So wird ein gutes Zusammenspiel zwischen Eltern und einem schnell ablenkbaren Kind möglich. Als wir es so handhabten, hatten wir mit unserer Ines wesentlich weniger Reibungspunkte.

Nun erlebte ich aber regelrechte Wechselbäder, denn bei uns tummelte sich, ein paar Jahre jünger, eine Schwester, die offensichtlich schwer ablenkbar war. So einem Kind fällt es zum Beispiel ganz schwer, sich an neue Situationen zu gewöhnen oder schnell von einer Beschäftigung zur anderen zu wechseln. Wenn schon dreimal zum Essen gerufen oder darum gebeten wurde, die Spielsachen wegzuräumen, und das Kind sich immer noch nicht rührt, kann man schon an sich oder dem Kind zweifeln. Ich war geneigt, ärgerlich zu werden, bis ich das Mädchen genauer beobachtete. Gewissenhaft musste noch schnell das Legodach auf das Haus gesetzt werden, ehe sie aufsprang und an den Tisch eilte, oder sie war mit hochrotem Kopf so stark in ihre Spielwelt vertieft, dass sie meine Aufforderung tatsächlich nicht gehört hatte. So etwas registriert man erst, wenn man genauer hinschaut: Offensichtlich ein schwer ablenkbares Kind.

Was tun? So ein Kind sollte man möglichst nicht plötzlich aus seiner Tätigkeit herausreißen. Warum nicht rechtzeitig eine Ankündigung geben: „Du, in zehn Minuten gibt es Mittagessen!"

Oder eine Zeit nennen, und wenn das Kind die Uhr noch nicht lesen kann, ihm einen aufgezogenen Küchenwecker mitgeben: „Wenn es läutet, ist es Zeit zum Aufräumen!" Auf diese Weise wird das Zusammenleben leichter!

Ausdauer und Aufmerksamkeitsspanne: „Bleib doch endlich mal bei der Sache!" (Kategorie 9)

Ausdauer und Aufmerksamkeit werden in unserer Gesellschaft hoch geschätzt. Wer im Beruf vorankommen will, braucht diese beiden Tugenden. Während die Eltern eines kleinen Kindes stöhnen, wenn es hartnäckig immer wieder an etwas Verbotenes heran will, ist Durchhaltevermögen grundsätzlich gesehen doch sehr lobenswert, oder nicht?

Die Kombination von geringer Ausdauer und kurzer Aufmerksamkeitsspanne ist für Eltern sehr anstrengend – besonders, wenn sie ehrgeizig sind. So ein Verhalten als vorgegebenes Temperamentsmuster zu akzeptieren, fällt nicht leicht.

Diese Kinder haben in der Regel Probleme in der Schule, denn dort wird Ausdauer und Aufmerksamkeit einfach vorausgesetzt. Ein Kind, das nicht über längere Zeit dazu fähig ist, geht einfach unter.

Natürlich hatten wir in unserer munteren Schar auch eins mit dieser unglücklichen Kombination. Und sie war keine Leuchte in der Schule! Sollten wir sie nun ständig drillen und unter Druck setzen?

Wir haben uns gesagt, und das nicht nur einmal: Eine ausgeglichene, lebensbejahende Persönlichkeit ist wichtiger als ein gehobener Schulabschluss, der mit einer verkorksten Psyche bezahlt wird! Fröhlich und lebensbejahend ist sie ja, und ich vertraue darauf, dass ein zukünftiger Arbeitgeber sich nicht allein an den Zensuren orientiert, sondern auch an ihrer Persönlichkeit.

Nun muss solch einem Kind geholfen werden, größere Ausdauer und Aufmerksamkeit zu entwickeln – aber seinem Vermögen angemessen und nicht mit Hauruck!

Üben Sie es mit so einem Kind geduldig Schritt für Schritt ein. Und wenn Erfolge zu sehen sind, ermutigen Sie es. Beim gemeinsamen Spielen und Arbeiten gelingt es am besten. Sie werden erstaunt sein, wie ausdauernd es bei einem Gesellschaftsspiel sitzen kann, das es begeistert, oder wie lange es im Garten mithelfen kann, wenn es Spaß macht. Also, aufmerksam und ausdauernd zu sein, bringt das Kind durchaus fertig – nur nicht in der Schule, leider! Aber wenn es erst einmal im familiären Umfeld Erfolge erlebt, kann es auch auf die Schule abfärben.

Für seine Hausaufgaben braucht solch ein Kind auf jeden Fall einen ruhigen Arbeitsplatz mit wenig Ablenkung. Der Küchentisch, neben dem das Telefon klingelt, das Radio dudelt und die Geschwister spielen, ist der denkbar schlechteste Ort. Seine Arbeitszeiten müssen klar umrissen sein und dürfen dem Kind nicht endlos lang erscheinen, denn dann verliert es gleich den Mut. Lassen Sie sich seine Hausaufgaben nicht erst zeigen, wenn alles erledigt ist, sondern nach jedem Fachbereich. Kleine Belohnungen sind ein Lockmittel, die es bei der Stange halten können.

So etwas macht Mühe, aber wie soll man sonst Fortschritte erreichen? Nur zu schimpfen und an die Willenskraft zu appellieren bringt nichts.

Das langsam zu erwärmende Kind

Das langsam zu erwärmende Kind kann die gleichen Temperamentsanteile aufweisen wie ein schwer zu handhabendes, nur nicht so ausgeprägt. Für dieses Kind möchte ich zusätzlich drei typische Beispiele herausgreifen.

Annäherung/Rückzug: „Stell dich doch nicht so an!" (Kategorie 3)

So ein Kind wird bei neuen Personen, in einer fremden Umgebung und bei neuen Erfahrungen immer vorsichtig reagieren, sich eventuell zurückziehen und eine Anpassungszeit brauchen. Es benötigt geduldige Eltern, sonst entsteht ein schlechtes „Zusammenspiel."! Erkennen seine Eltern diesen Temperamentstyp nämlich nicht an und zwingen Ihr Kind überstürzt in neue Situationen, ist es gut möglich, dass es noch zurückhaltender und ängstlicher wird. Das Sprichwort „Ein gebranntes Kind scheut das Feuer" passt zu dieser Situation.

Schon als Baby braucht es einige Anläufe, Geduld und Ruhe, bis es beginnt, ein Bad zu genießen oder den ungewohnten Brei zu essen. Es wird auch einige Zeit dauern, bis es zu einem neuen Babysitter Vertrauen fasst. Sie können also bereits im Säuglingsalter erkennen, ob Ihr Kind zu den „vorsichtigen" Typen gehört.

Denken sie nur einmal an den Spielkreis, an die Kindergruppe auf einer Familienfreizeit oder den Kindergarten. Bis an die Grenze der Peinlichkeit wird Ihr Kleiner sich an Sie klammern und betteln, ihn nicht allein zu lassen. Eine resolute Mitarbeiterin wird Sie vielleicht auffordern, nun endlich zu gehen – und dann schluchzt der Kleine die ganze Kinderstunde hindurch. Was für ein verzogenes Mama-Söhnchen!

Stimmt das? Nun, in vereinzelten Fällen vielleicht – aber selten, wenn es um langsam zu erwärmende Typen geht. Eine Antwort auf die kniffelige Frage: „Stellt es sich nun an, oder leidet es wirklich?" fällt echt schwer. Wenn Ihr Kind sich in neuen Situationen im Allgemeinen eher zurückzieht, ist es wahrscheinlich keine Anstellerei. Und ich halte überhaupt nichts von Brachialmethoden, wenn es darum geht, ein Kind kontaktfreudiger zu machen.

Ich kann gut mit diesen Eltern fühlen, denn ich hatte so eine kleine, süße Schüchterne. Jetzt ist sie eine fröhliche Erwachsene, aber mit vier Jahren war sie nicht hinter meinen Beinen hervorzukriegen. Die Händchen in meinen Hosenbeinen verkrallt, lugte sie vorsichtig dahinter hervor, wie aus einer sicheren Höhle. Das wirkte schon ein wenig peinlich. Sollte ich sie mit Gewalt dahinter hervorholen oder sie gewähren lassen? Glücklicherweise entschied ich mich für die zweite Möglichkeit. Diese Geborgenheit entspannte sie so sehr, dass sie im Grundschulalter aufgeschlossener wurde und mit vertrauten Personen und Situationen gut umgehen konnte. Aber ein vorsichtiger Typ ist sie stets geblieben; und auch das kann in manchen Situationen nur von Vorteil sein.

Für die Eltern ist es gar nicht so schwierig, mit solch einem Kind umzugehen – vorausgesetzt, sie akzeptieren, dass es eine normale Temperamentsqualität ist, und es nicht anormal ist, sich in neuen Situationen zunächst einmal zurückzuziehen oder ganz zu verweigern. Akzeptieren Sie es, aber geben Sie nicht klein bei: Jedes Kind muss mit neuen Situationen umgehen lernen, dieser Typ jedoch behutsam und in kleineren Schritten als andere. Das

Kind braucht Verständnis für seine Empfindungen und Ermutigung für jeden neuen Schritt. Vor allem darf es nicht ständig gedrängelt werden.

Es wäre ideal, wenn Sie die ersten Male im Spielkreis ermutigend am Rand sitzen könnten; und wenn es nicht klappt, nehmen Sie Ihren Zweijährigen wieder zu sich. Lieber ein paar Monate warten als jetzt mit Gewalt vorgehen und alle bisherigen Fortschritte aufs Spiel setzen. Vielleicht müssen Sie auch den Kindergartenbesuch um ein Jahr verschieben. Mit drei und vier Jahren durchleben ohnehin manche Kinder – die langsam zu erwärmenden gehören bestimmt dazu – eine kritische seelische Phase, in der sie auf Veränderungen besonders empfindlich reagieren. Um ihre gesunde Ich-Identität weiterentwickeln zu können, brauchen sie konstante Beziehungen. Sorgen Sie lieber dafür, dass solch ein Kind viel Kontakt zu Freundeskindern hat, ehe Sie es verfrüht dem Kindergartentrubel übergeben.

Eine Bekannte in unserer Nachbarschaft wurde für Claudia und mich bei unseren Beobachtungen zur Heldin. Ihre Älteste hing im Kleinkindalter stets an ihren Rockzipfeln und war schwer zu bewegen, mit fremden Kindern zu spielen. Der Versuch, sie mit zwei Jahren in die Kinderkrippe zu integrieren, endete mit einer Katastrophe. Während alle anderen Gleichaltrigen im Garten an den Klettergeräten tobten oder im Swimmingpool plantschten, stand sie häufig mit skeptischer Miene etwas abseits. Der Mutter waren die Peinlichkeit und der Anflug von Verzweiflung schon im Gesicht anzusehen. Dann beschäftigte sie sich intensiv mit den Temperamentsanteilen und kam zu der Erkenntnis: „Meine Annie gehört eindeutig zu den langsam zu erwärmenden KIndern." Hinzu kam noch ein Hang zur Hochsensibilität. Schmunzelnd musste sie sich eingestehen, dass sie als Kind auch nicht viel anders war. Aber diese Einsicht, dass das zögerliche

Verhalten des Kindes offensichtlich zum größten Teil genetisch bedingt war und keine Anstellerei oder Macke oder gar ihr Erziehungsversagen, verschaffte der Mutter neue Sicherheit und vor allem auch neues Selbstbewusstsein. Denn das muss man schon haben, wenn ein Kind so anders ist als der Durchschnitt! Überzeugt von der Richtigkeit ihres Handelns ließ sie Annie noch ein Jahr länger bei sich zu Hause, auch wenn das andere Mütter komisch fanden und einige vielleicht munkelten: „Na, die ist wohl ein wenig überbehütend..." Damit konnte sie Annie einen sicheren Rahmen geben, so dass sie sich Schritt für Schritt mehr zutraute. Interessanterweise zeigte die darauf folgende jüngere Schwester ganz andere Temperamentsanteile. Offen und draufgängerisch eroberte sie sich ihre kindliche Welt und ging gern frühzeitig in die Kinderkrippe, was bei ihrer älteren Schwester undenkbar war. Auch damit müssen Eltern umgehen lernen.

Anpassungsfähigkeit: „Was ist nur los mit dir?" (Kategorie 4)

Ein Kleinkind mit guter Anpassungsfähigkeit macht es seinen Eltern leicht. Sie können sich ein recht bewegtes Leben erlauben...

Ganz anders, wenn ein Kind auf Änderungen in seiner vertrauten Umgebung allergisch reagiert. Dann sieht der Familienalltag ähnlich aus wie bei einem Kind mit spontanen Rückzugstendenzen.

Während wir unsere kleine Marie als Baby überall mit hinnehmen konnten, war ihr gleichaltriger Cousin nicht zu beruhigen, wenn er nur einmal in einem anderen Babybettchen schlafen sollte. Roch er jedoch den vertrauten „Stallgeruch", entspannte er sich sichtlich. Eigentlich könnte man ja meinen, einem fünf Monate alten Baby sollte egal sein, wo es schläft; es kriegt ohnehin nicht viel mit. Das stimmt eben nicht: Auch ein Baby ist schon eine Persönlichkeit! Während wir mit unserer Kleinen fröhlich in Urlaub fuhren, verbrachten unsre Verwandten den Urlaub im ersten Jahr vernünftigerweise lieber auf „Balkonien". Der Stress wäre doch zu groß gewesen!

Eltern, die verstehen, was hinter solch einem Verhalten steckt, können mit ihrem Kind entspannter umgehen. Wenn etwas nicht so wichtig ist oder auf das Kind bedrohlich wirkt, sollten Sie ruhig nachgeben; dann merkt es nämlich, dass auf seine Bedürfnisse und Ängste Rücksicht genommen wird. Wenn es wichtig ist, müssen Eltern hartnäckig bleiben: Es kann helfen, ruhig auf das Kind einzureden und Verständnis für seine Gefühle zu äußern – vor allem, wenn es weiß, dass seine Eltern sich nicht beirren lassen.

Bekannte von uns mussten in eine andere Wohnung ziehen, als ihr ältestes Kind vier Jahre alt war. Durch den plötzlichen Verlust der vertrauten Umgebung geriet das Kind total durcheinander: Es wachte nachts schreiend auf, traute sich nicht allein in den Garten und war recht bockig. Nur gut, wenn verständnisvolle Eltern solch ein Verhalten richtig einordnen können und erkennen, dass dies die typische Reaktionsform eines Menschen ist, der sich nur langsam anpassen kann.

Stimmungslage: „Mach doch mal ein anderes Gesicht!" (Kategorie 6)

Weil langsam zu erwärmende Kinder halt vorsichtig und eher misstrauisch sind und leider oft genug gegen ihren Willen gedrängelt werden, haben viele von ihnen eine überwiegend negative Grundstimmung. Mein schon erwähnter Neffe zog als Baby seine Stirn stets in tiefe Falten, wenn ihm eine fremde Person zu nahe kam, und auch Annie zeigte oft ein abweisendes und verzagtes Gesicht.

Aber je sicherer so ein Kind sich fühlt, desto stärker kann sich auch seine Stimmung entspannen. Geben Sie Ihrem Kind diese Sicherheit! Es kann wirklich ziemlich anstrengend werden, wenn ein Kind viel nörgelt, stets Negatives zuerst sieht und schwer zufriedenzustellen ist...

Vor allem lebhaften Eltern mit vorwiegend positiver Grundstimmung fällt es schwer, damit umzugehen. So ein Kind darf von ihnen nicht gehänselt werden und braucht auch einmal seine Ruhe, um seine Empfindungen ausbrüten zu können. Wenn es sich akzeptiert und geborgen weiß, wird es sich auch in einer lebendigen Familie wohl fühlen und sich von der fröhlichen Stimmung der anderen eher mitreißen lassen.

Gibt es den idealen Elterntyp?

So, wie kein Kind dem anderen gleicht, unterscheiden sich auch die Eltern mit ihren Temperamentsmustern, ihren Weltanschauungen, dem, was sie für richtig halten und in ihren Erziehungsidealen, die wiederum von ihrer eigenen Erziehung beeinflusst worden sind. In ihrer speziellen Art wirken sie auf ihre Kinder ein, und diese reagieren auf den Stil ihrer Eltern. Geraten dann ausgerechnet zwei Hitzköpfe aneinander...

Es liegt auf der Hand, dass ein Zuhause voller Spannungen, weil die Eltern zum Beispiel zerstritten, unsicher oder unbeherrscht sind, weder Eltern noch Kindern ein angenehmes Umfeld bietet. Wenn Vater und Mutter sehr unterschiedliche Erziehungsstile haben und sich nicht aufeinander abstimmen können, entstehen zusätzliche Konflikte. Aber auch Kinder, die sehr wild oder unwillig sind, können die besten Absichten von Eltern zunichte machen.

Es gibt die unterschiedlichsten Beschreibungen über elterliche Erziehungsstile. Frühere Forschungen haben zwischen autoritärer und antiautoritärer bzw. permissiver Elternschaft unterschieden. Neuere Forschungen, wie die von dem amerikanischen Pädagogen Schaeffer, unterscheiden zwischen dem Ausmaß an Freiheit, die dem Kind gewährt wird und dem Ausmaß der Zuneigung, die es erfährt. „So schaffen Eltern, die ihr Kind lieben und ihm so viel Freiheit wie möglich gewähren, ein demokratisches Erziehungsklima. Eltern, die ihr Kind ablehnen und ihm viel Freiheit geben, schaffen ein Verwahrlosungsklima. Eine liebevolle, stark einschränkende Erziehung führt zu einem überbehütendem familiären Klima und ein liebloser, nur wenig Freiheit gewährende Umgang mit dem Kind zu einem autoritären Familienumfeld."[23]

Mir gefallen die Begriffe, mit denen Jack und Judith Balswick[24] arbeiten wie „Kontrollieren/Lenken" im Vergleich zu „Unterstützen/Ermutigen".

„Kontrollieren/Lenken" bedeutet, ein Kind zu einem erwünschten Verhalten zu veranlassen. „Unterstützen/Ermutigen" beschreibt ein Verhalten, bei dem sich das Kind in der Gegenwart der Eltern wohl fühlt und sich als Persönlichkeit angenommen weiß.

Diese beiden Beziehungsebenen können sich unterschiedlich intensiv auswirken, so dass man zumindest theoretisch vier Stile von Elternschaft unterscheiden kann:

---

[23] Rita Kohnstamm, Praktische Kinderpsychologie, S. 273.

[24] Jack und Judith Balswick, The Family – a Christian Perspective on the Contemporary Home, Baker Book House, Michigan 1989, S. 95.

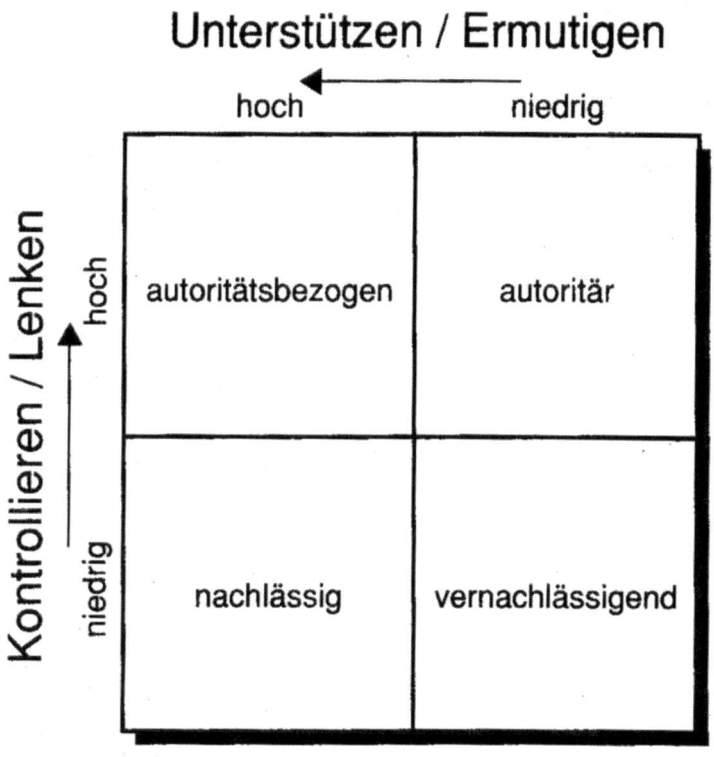

Vernachlässigende Elternschaft

Dieser Stil lässt sich am leichtesten kritisieren, da die Kinder hier ganz offensichtlich zu kurz kommen. Bei wenig Unterstützung und wenig Lenkung kann der Zusammenhalt zwischen Eltern und Kindern auch nur schwach sein. Dies kann auf alle sozialen Schichten zutreffen.

Da wird schnell der Stab über die asoziale Familie gebrochen, in der der Vater vielleicht alkoholabhängig ist und die Mutter eine

„Schlampe". Die Eltern sind mit ihren eigenen Problemen beschäftigt, und die Kinder leben vor dem Fernseher oder auf der Straße.

Vernachlässigung kann aber auch in den besten Familien vorkommen. Mutter und Vater gehen beide im Berufsleben voll ihrer Karriere nach. Das Kind ist vom frühen Morgen bis in den späten Nachmittag im Kindergarten, Hort oder der Ganztagsschule. In der Abend-Restzeit sind dann alle vom Tag so geschafft, dass wenig Energie bleibt, um entspannt miteinander umzugehen. Oder die Eltern engagieren sich neben ihrem Beruf stark in kulturellen, politischen oder kirchlichen Aktivitäten. Die Kinder verbringen ihre Freizeit im Wesentlichen mit Fremdbetreuung, vor dem Fernseher oder am Computer. Man trifft sich nur noch am Kühlschrank oder vor der verschlossenen Badezimmertür.

Es gibt auch notvolle Situationen, die zu Vernachlässigung führen können: Persönliche Krisen oder Krankheiten. Manche Alleinerziehende fühlen sich in ihrer Mehrfachbelastung überfordert und sind unglücklich, weil sie ihren Kindern nicht die Unterstützung und Anleitung geben können, die sie nötig hätten.

Da sind aber auch Eltern, die diesen Stil aus persönlicher Überzeugung vertreten: Ich will meine Ruhe und meine Freiheiten haben und lasse sie auch meinen Kindern, argumentieren sie. Warum moralische Werte weitergeben oder gar Grenzen setzen? Das Kind soll alles für sich allein herausfinden. Was hier als Freiheit deklariert wird, entpuppt sich schließlich als Vernachlässigung.

Autoritäre Elternschaft

Bei wenig Unterstützung beziehungsweise Ermutigung und viel Kontrolle spricht man von autoritärer Elternschaft. Diese Familien haben oft einen starken Zusammenhalt – zumindest solange die Kinder klein sind. Er baut allerdings hauptsächlich auf elterlicher Kontrolle und Furcht vor Strafe seitens der Kinder auf. Mit wachsendem Alter nehmen jedoch sowohl die Kontrollmöglichkeiten als auch die Angst vor Strafe ab. Studien ergeben, dass autoritäre Eltern zwar eine kurzzeitige Anpassung erreichen, aber langfristig Entfremdung beziehungsweise Rebellion.

Diese Eltern erwarten von ihren Kindern respektvolles und gehorsames Verhalten. Dies ist zwar grundsätzlich zu begrüßen; aber wo Herzlichkeit, Offenheit, Vertrautheit und Wärme fehlen, werden Kinder entweder zu Anpassern oder Rebellen erzogen, die sich vielleicht ihr ganzes Leben lang mit den Verlusten ihrer Kindheit herumschlagen müssen.

Dabei möchte ich zwischen „harten" und „unfähigen" Eltern unterscheiden. Harte Eltern spielen ihre Autorität aus Prinzip, Egoismus und Herrschsucht aus. Die sogenannten unfähigen Eltern möchten ihren Kindern eigentlich mit Wärme und Offenheit begegnen, können es aber nicht, weil sie das selbst nie erlebt haben, oder weil sie befürchten, dadurch würde ihre Autorität untergraben.

In einer anderen Variante ist ein Elternteil, vielfach der Vater, die ausführende Autorität, während der andere Elternteil sich zum Ausgleich umso mehr bemüht, die fehlende Geborgenheit zu geben. Auch das ergibt eine unheilvolle Familienatmosphäre.

Nachlässige Elternschaft

Wenn Sie noch einmal auf das Schaubild sehen, lesen Sie heraus, dass es bei „nachlässiger Elternschaft" wenig Lenkung beziehungsweise Kontrolle gibt, aber viel Ermutigung und Unterstützung.

Da gibt es einmal die Eltern, die diesen Stil aus voller Überzeugung vertreten. Sie gehen von der Annahme aus, dass jedes Neugeborene einen „guten Kern" in sich trägt, und deshalb nur gepflegt und mit Liebe gefördert werden muss, damit es sich zu einer glücklichen Persönlichkeit entwickelt. Von diesen Erziehern wird nicht berücksichtigt, dass Kinder sehr wohl selbstsüchtig und beherrschend sein können und elterliche Leitung benötigen, um Werte und rücksichtsvolle Verhaltensweisen zu lernen.

Es gibt aber auch Eltern, denen es sehr schwer fällt Lenkung zu geben und auch einmal konsequent zu sein - vielleicht, weil sie vom Typ her sehr nachgiebig und inkonsequent sind, oder weil sie die Ablehnung oder den Wutausbruch des Kindes fürchten. Manch ein Elternteil plagt auch ein schlechtes Gewissen: Ich kann dem Kind ja ohnehin nicht das geben, was es wirklich braucht. Da darf ich jetzt nicht auch noch streng werden.

Autoritätsbezogene Elternschaft

Autoritätsbezogene Elternschaft vereint Unterstützung und Ermutigung in einer ausgewogenen Weise mit Lenkung und Kontrolle. Sie versteht die Vorteile der nachlässigen und der autoritären Erziehung zu kombinieren. Wie zu erwarten, untermauern Studien, dass Kinder aus solchen Familien sich sozial am besten verhalten und ein gesundes Selbstwertgefühl aufweisen.

Diese Eltern bemühen sich, ihren Kindern emotionale Geborgenheit und Wärme zu geben und ihre Fähigkeiten zu fördern. Sie nehmen sich Zeit für Geselligkeit und Diskussionen und gewähren ihnen individuelle Freiheiten. Sie setzen aber auch Grenzen, wenn es notwendig ist.

Elterliche Kontrolle kann allerdings effektive und ineffektive Formen annehmen. Blinden Gehorsam ohne Widerworte zu fordern, ist fehl am Platz, ebenso Liebesentzug, um ein bestimmtes Verhalten zu erreichen. Dies sind Formen „aufzwingender" Kontrolle.

Eine „erklärende" Kontrolle scheint die effektivste Form zu sein: Sie begründen, warum Sie etwas erwarten, hören sich auch eventuelle Einwände Ihres Kindes an und appellieren an die Einsicht des Kindes. Wenn Sie es für richtig erachten, setzen Sie sich aber auch trotz des Protestes des Kindes durch.

Eine Selbsteinschätzung

Nachdem ich Ihnen vier mögliche Stile der Elternschaft erläutert habe, nehmen Sie sich das Schaubild zu den Erziehungsstilen noch einmal vor. Wenn Sie sich jetzt das Aufwachsen in Ihrer Ursprungsfamilie vor Augen malen: Wie war der Erziehungsstil Ihres Vaters, Ihrer Mutter? Und wenn Ihre Eltern geschieden sind: Wie der Umgang Ihres Stiefvater, Ihrer Stiefmutter mit Ihnen? Wie gab sich Ihre Mutter als Alleinerziehende - oder wie auch immer die Situation gewesen war? Was haben Sie davon geschätzt? Was haben Sie verabscheut? Können Sie in dem Schaubild Ihren Erzieherpersonen eine Zuordnung geben?

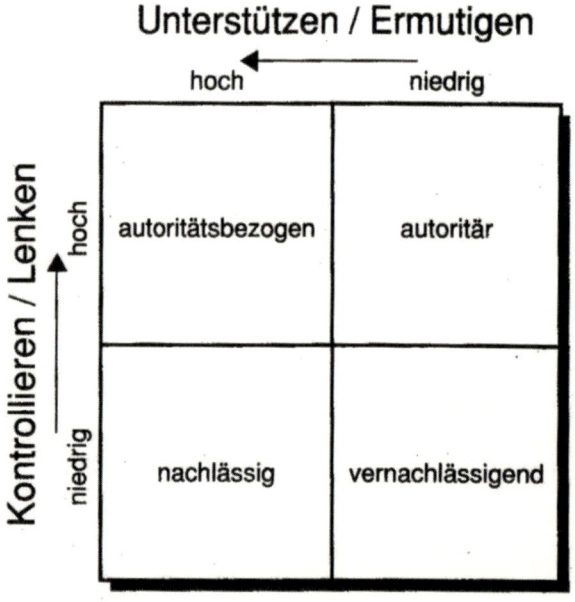

Wie habe ich meine Eltern/Erzieherpersonen erlebt?
Was hat mich wie geprägt?

Versetzen Sie sich in Ihre Kindheit zurück, und bemühen Sie sich eine Assoziation zu jedem der Stichworte zu finden. Wenn Sie wollen, machen Sie sich einige Notizen dazu. Danach fällt Ihnen die Einschätzung Ihrer Erzieherpersonen leichter.

	Mutter	Vater	Andere Erzieherperson
Körperkontakt: Nähe / Distanz			
Emotionale Wärme / Kälte			
Zuwendung / Ablehnung			
Lob / Kritik			
Liebeszuwendung / Liebesentzug			
Anwesenheit / Abwesenheit			
Großzügigkeit / Kleinlichkeit			
Strenge / Nachlässigkeit			
Verlässlichkeit / Unverlässlichkeit			
Versöhnung / Nachtragen			
Wutausbrüche / Beherrschung			

Ob Sie sich dessen bewusst sind oder nicht, Ihre Ursprungsfamilie hat Sie stärker geprägt als Sie es manchmal wahrhaben wollen. In Stresssituationen neigen viele Eltern dazu, so zu reagieren, wie sie es in ihrer Ursprungsfamilie erlebt haben. Vor allem dann, wenn sie sich ihrer Vergangenheit nicht gestellt haben.

Wo müssten Sie ein Kreuz machen, um Ihren jetzigen Umgang mit Ihren Kindern zu beschreiben? Erziehungsstile schwanken natürlich, je nach Alter, Situation und Stimmung. Sind Sie gut drauf, sind Sie wahrscheinlich großzügiger. Sind Sie gereizt, neigen Sie zu größerer Strenge. Aber auch Sie haben eine Grundhaltung angenommen, die sie benennen können sollten. Nur dann können Sie - falls nötig - Ihren Stil ändern und auf das Temperament Ihres Kindes besser abstimmen.

Claudia und ich haben damals natürlich auch unterschiedliche Stile mit in unsere junge Familie gebracht. Claudia war aufgrund ihres Familienhintergrundes und ihrer Persönlichkeitsstruktur die strengere und ich der nachlässigere. In den ersten Jahren unseres Familienlebens hätte sie ihr Kreuz mehr oben rechts einordnen müssen, ich unten links. Glücklicherweise haben wir uns verändert und dürfen unser Kreuz jetzt in den Kasten oben linke setzen, obwohl es immer wieder Ausrutscher in alte Gepflogenheiten geben kann.

Eine biblisch orientierte Elternschaft

Dies waren Ergebnisse säkularer Studien. Wenn Sie Christ sind, fragen Sie sich sicherlich: „Wie lässt sich ein biblisch orientierter Erziehungsstil im Vergleich zu diesen Aussagen einordnen?"

Um es gleich zu sagen: Die autoritätsbezogene Elternschaft kommt der biblisch-orientierten sehr nahe. In unserm Buch „Unser Abenteuer. Persönliche Einsichten aus mehr als 30 turbulenten Familienjahren" haben wir unseren Werdegang zu der Verwirklichung eines biblisch-orientierten Erziehungsmodells ausführlich beschrieben[25], so dass ich jetzt nur die wesentlichsten Gedanken nennen möchte.

Biblisch orientierte Elternschaft leitet sich vom Charakter Gottes ab, vor allem dort, wo er sich als liebevoller Vater offenbart. Wir sollen als irdische Väter und Mütter lernen, unseren Kindern so zu begegnen, wie unser himmlischer Vater mit uns, seinen geistlichen Kindern, umgeht.

Zumindest drei markante Wesenszüge charakterisieren die Vaterschaft Gottes, die wir direkt für den Umgang mit unseren eigenen Kindern übernehmen können:

- Gottes bedingungslose Liebe (1. Johannes 4, 8+9),
- seine Unterweisung (Psalm 32, 8),
- und seine Konsequenz (Psalm 32, 9)

---

[25] Claudia und Eberhard Mühlan, Unser Abenteuer. Persönliche Einsichten aus mehr als 30 turbulenten Familienjahren, MühlanMedien 2013.

Wenn Sie die Bibel durchblättern, dann werden Sie immer wieder auf diese drei Wesenszüge Gottes im Umgang mit dem Menschen stoßen. In gleicher Weise, wie Gott uns mit seiner Liebe begegnet, uns seine Unterweisung erteilt, uns aber auch Grenzen setzt, sollen wir unsere Kinder lieben, sie unterweisen und auch konsequent sein, wenn es nötig ist.

Die Darstellung in einem „Familienhaus" macht die Prioritäten und das Zueinander dieser drei biblischen Prinzipien deutlich.

Vom Vaterbild Gottes abgeleitet betont die Bibel also eine Elternschaft mit einem hohen Maß an Liebe (Ermutigung/Unterstützung), kombiniert mit Konsequenz (Kontrolle/Lenkung), um Kinder zur persönlichen Reife zu führen.

Wenn es um das Familienleben und die Persönlichkeitsentwicklung von Kindern geht, bedeutet das nicht nur, über Verhalten und Temperamentsanteile von Kindern zu sprechen, sondern Ihr persönlicher Stil und Ihre Temperamentsanteile müssen ebenso unter die Lupe genommen werden. Vielleicht hilft es Ihnen zu hören, dass es den idealen Elterntyp, der zu jedem Kind passt, gar nicht gibt. Dazu sind Kinder und Erwachsene viel zu verschieden. Sie müssen also Ihre Art und Ihr Temperament nicht verleugnen, sondern lediglich in gute Bahnen lenken.

Entscheidend ist, dass Sie sich auf den jeweiligen Kindertyp einstellen lernen, und Sie zu einem guten Zusammenspiel im Familienalltag kommen. Dabei können Sie sich sehr gut am biblischen Erziehungsstil orientieren. Er sollte zu Ihrem Ideal werden, selbst wenn Sie noch weit davon entfernt sein sollten und Ihre hohen Vorsätze durch Temperamentsausbrüche immer wieder zunichte gemacht werden.

Das Familienhaus

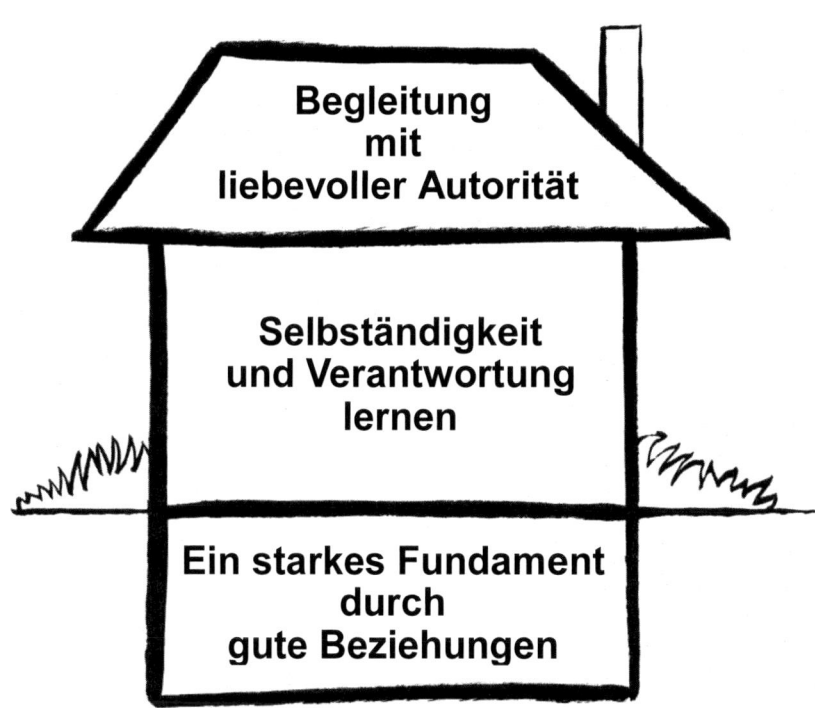

Zur Vertiefung:

Mühlan-Seminar auf CD oder MP3: *Kinder stark machen* – wie Kinder mit starker Persönlichkeit heranwachsen. Album 2300 (3 Vorträge mit Seminarunterlagen).

Mühlan, Das große Familien-Handbuch. Erziehungstipps für alle Entwicklungsphasen Ihres Kindes, Gerth Medien.
www.MühlanMedien.de

Wenn die Temperamente aufeinander prallen

Ihr eigenes Aufwachsen und die Grundhaltung in Ihrem Erziehungsstil haben Sie ja im letzten Kapitel schon einordnen können. Fällt es Ihnen jetzt leichter, sich auf den Typ Ihres Kindes einzustellen?

Eltern mit einem „nachlässigen" Erziehungsstil werden bei „einfach zu handhabenden" Kindern wahrscheinlich Erfolg haben, aber nicht bei einem „schwierig zu handhabenden". Ein eher „autoritärer Vater" wird mit einem sehr lebhaften und lauten Kind öfters aneinandergeraten als mit einem anpassungsfähigeren, ruhigen. Ein „langsam zu erwärmendes Kind" könnte bei einem „vernachlässigenden" Erziehungsstil total verkümmern...

Eine autoritätsbezogene Elternschaft mit viel Ermutigung, aber auch Lenkung, die je nach den Temperamentsanteilen eines Kindes das eine oder andere etwas stärker betont, wird das beste Zusammenleben ermöglichen. Es liegt auf der Hand, dass ein sehr aktives, leicht ablenkbares Kind stärkere Kontrolle und Lenkung benötigt als ein ruhiges, beständiges. Ein langsam zu erwärmendes Kind braucht stärkere Ermutigung als ein selbstbewusstes, eigenständiges.

Und dann muss noch Ihr eigenes Temperamentsmuster berücksichtigt werden! Sind Sie schon darauf gekommen, sich anhand der neun Temperamentsanteile einmal selbst einzuordnen? Zu welchem Menschentyp zählen Sie eigentlich? Sind Sie unkompliziert und leicht zu handhaben oder eher zurückhaltend und langsam zu erwärmen oder gehören Sie gar zu den temperamentvollen und „schwierig zu handhabenden" Menschen?

Spielen wir einige Situationen durch: Wenn eine sehr aktive Mutter mit hoher Reaktionsintensität den Alltag mit einem ebenso veranlagten Kind gestalten muss, können schnell die Fetzen fliegen. Ähnliche Temperamentsmuster können sich manchmal gewaltig reiben, wohl auch, weil man in dem anderen die eigenen Schwächen gespiegelt sieht.

Aber denken Sie nicht, dass sich das Zusammenleben leichter gestalten lässt, wenn andere Temperamentsmuster aufeinandertreffen. Gegensätze haben es auch schwer miteinander. Ich denke an eine Familie, wo ausgerechnet beide Eltern von sehr ruhiger Aktivität, regelmäßigem Tagesrhythmus und starkem Rückzug geprägt sind, und die Schöpfung schenkte ihnen inmitten ihrer ähnlich geprägten Kinder ein Exemplar, das mit hoher Aktivität, unregelmäßigem Rhythmus und intensiven Reaktionen begabt war. Das Kind empfand sich in seiner Familie zeitlebens wie ein Fremdkörper, und die Eltern taten sich sehr schwer, es in seiner Andersartigkeit zu akzeptieren.

Oder, denken Sie an einen sehr aktiven, abenteuerlustigen, sportlichen Vater mit einem Sohn, der zu den langsam zu erwärmenden mit hoher Rückzugstendenz gehört ...

Wie auch die Temperamente in einer Familie aufeinander treffen, es ist immer eine Herausforderung, zu einem guten Zusammenspiel zu kommen. Ein erster Anfang ist gemacht, wenn man sein eigenes Temperamentsmuster mit den persönlichen Stärken und Schwächen erkennt und sich bemüht, ausgewogen damit umzugehen. Der nächste Schritt ist, den anderen mit seinen Temperamentsanteilen zu verstehen und zu akzeptieren. Dieses Verständnis kann auf der einen Seite zu mehr Großzügigkeit und auf der anderen Seite zu stärkerer Annahme und Vergebungsbereitschaft führen. Sind darüber hinaus sowohl Eltern als auch Kinder bereit, sich zu entschuldigen, wenn ihr Temperament wieder einmal durchgegangen ist, sind sie auf dem besten Weg zu einem guten Zusammenspiel.

Auf das Zusammenspiel kommt es an!

Wie ist es Ihnen bisher beim Lesen ergangen? Ich möchte das bisher Erarbeitete noch einmal mit diesen drei Thesen zusammenfassen:

- Babys sind von Anfang an unterschiedlich!
- Die Unterschiede zeigen sich in ihren verschiedenen Temperamentsmerkmalen, die man auch als ererbtes „Energieschema" bezeichnen kann.
- Das Kind wirkt von seiner Geburt an aktiv an seiner Entwicklung mit!
- Weder Eltern noch Umwelteinflüsse allein legen die Persönlichkeitsstruktur eines Kindes fest, sondern es steht in ständiger Wechselbeziehung (Interaktion) mit ihnen.
- Den „idealen" Elterntyp, der zu jedem Kind passt, gibt es nicht!

Dazu sind Kinder und Erwachsene viel zu verschieden. Ziel ist, eine gute Qualität im Zusammenleben zu erreichen: Eine gute Übereinstimmung zwischen elterlichen Erwartungen und deren Temperament mit dem kindlichem Temperament und den vielfältigen Umwelteinflüssen, angefangen bei den Geschwistern, den Verwandten, der Tagesmutter oder Krippe, Spielkameraden, Medien und, und, und...

Wie ein gutes Zusammenspiel aussehen kann, habe ich bei der Beschreibung der einzelnen Temperamentskategorien immer wieder durchklingen lassen. Zum Ende des Buches soll die Wichtigkeit eines guten Zusammenspiels noch einmal betont und auf einige Komplikationen eingegangen werden.

Keine falschen Erwartungen

Die meisten Eltern sind nach einer Anleitung in der Lage das Temperamentsmuster ihres Kindes treffend zu beschreiben. Aber viele Eltern benötigen Hilfe, wie sie dann richtig mit diesem Temperament umgehen können.

Nehmen wir einmal an, Sie stellen fest, dass Sie ein sehr aktives Kind mit überwiegend negativer Stimmung haben. Es wäre falsch, jetzt so zu reagieren: „Ja, ja, ich hab's mir schon immer gedacht, es ist ein Quertreiber und Miesmacher. Damit muss ich mich wohl abfinden. Womit habe ich das nur verdient?" Das Kind darf auf keinen Fall resignierend in irgendeine „Temperaments-Schublade" gesteckt werden.

Die Liste mit den Temperamentskategorien ist auch kein psychologischer Test, sondern lediglich eine Orientierungshilfe! Selbst wenn die Grundzüge gleich bleiben, können sich die einzelnen Temperamentsanteile mit zunehmendem Alter grundlegend verändern. Das ist vor allem auf die wachsende Reife des Kindes und das geschickte Eingehen der Eltern zurückzuführen.

Es geht also darum, wie Sie heute und morgen besser miteinander klarkommen können!

Denken Sie einmal folgende Ratschläge durch:

- *Geraten Sie nicht in die Falle zu denken, dass Sie eine schlechte Mutter oder ein miserabler Vater sind, wenn das Kind sich anders verhält als erwartet.* Das geschieht schnell, wenn Ihr Baby nicht so ein- oder durchschlafen will wie all die anderen oder Ihr Zweijähriger zu Beginn einer neuen Situation oder Herausforderung immer ein schreckliches Theater macht. Fragen Sie sich: „Wo ist der Beweis, dass ICH falsch bin?" Die Tatsache, dass Ihr Baby sich anders verhält als erwartet, ist noch lange kein Beweis für Ihr falsches Verhalten. Halten Sie sich vielmehr vor Augen: „Das liegt nicht an mir, das gehört zu seinem angeborenen Temperamentsmuster. Ich will das Kind so akzeptieren und auf ein gutes Zusammenspiel achten!"

- *Gehen Sie nicht davon aus, dass Ihr Kind Sie absichtlich ärgern oder in eine peinliche Situation bringen will und dass es sich anders verhalten könne, wenn es nur wolle.* Da hat eine Mutter ihrem Grundschulkind eingebläut, dass es den Zahnarzttermin am Nachmittag bloß nicht vergessen und pünktlich zu Hause erscheinen soll. Und dann „vergisst" der Kerl es doch wieder. Wie peinlich! Wenn er zu den leicht ablenkbaren Kindern mit geringer Aufmerksamkeitsspanne gehört, dann war das keine Absicht. Die Mutter muss sich auf die richtigen Maßnahmen für ein gutes Zusammenspiel besinnen: Vielleicht ein Handy mitgeben und zwischendurch anrufen oder ihn gleich den Nachmittag zu Hause spielen zu lassen, um der Peinlichkeit zu entgehen.

- *Hinterfragen Sie bitte Ihre Ansprüche an das Verhalten Ihres Kindes, zum Beispiel, ob sie nicht zu rigide oder zu hoch angesetzt sind,* besonders dann, wenn das Kind aufgrund seines Temperamentsmuster Schwierigkeiten hat, diesen Ansprüchen zu genügen. Ehrgeizige Eltern haben, gerade was schulische Leistungen betreffen, bei der Aufmerksamkeitsdauer und dem Durchhaltevermögen (Kategorie 9) große Schwierigkeiten, dies als genetisch mitbedingt zu betrachten. Wie schnell wird dann von Faulheit, Drückebergerei oder Willensschwäche gesprochen. Ja, es ist nicht leicht, die Tatsache zu akzeptieren, dass die geringe Ausdauer und die Ablenkbarkeit des Kindes normal sind und garantiert nicht durch Druck oder Zureden verändert werden können. Um zu einem guten Zusammenspiel zu kommen, müssen die Erwartungen etwas heruntergeschraubt werden und mit kurzen Arbeitsphasen und kleinen Belohnungen gearbeitet werden. In der Langzeitstudie war diese Kategorie für die meisten Eltern die größte Herausforderung - mit allen anderen Temperamentskonstellationen konnten sie besser umgehen.

- *Hüten Sie sich davor, ein Geschwisterkind mit dem anderen zu vergleichen.* Je mehr Kinder Sie haben, desto sorgsamer müssen Sie darauf achten, jedes einzelne als individuelle, eigenständige Persönlichkeit zu sehen. Das Durcharbeiten der Temperamentsliste wird Ihnen helfen, die Einzigartigkeit jedes Kindes zu erkennen und zu fördern. Jetzt müssen Sie nur noch aufhören, von allen das gleiche zu erwarten. Das eine ist eben flinker oder aufgeschlossener, lauter, schmusiger, intelligenter... als das andere. Schließen Sie jedes so in Ihr Herz, wie es ist, und fördern Sie es seinem Temperament gemäß. Dieser aufmerksame Blick wird Sie auch davor bewahren, unangemessene Vergleiche anzustellen und unbarmherzigen Missdeutungen zu erliegen.

Noch einmal: Ein „langsam zu erwärmendes Kind" braucht nun einmal Zeit und viel Ermutigung, bis es sich entspannt in eine neue Situation einfindet. Wenn seine Eltern das nur erkennen und als allgemeines Umgangsmuster anwenden würden – sie würden sich und dem Kind eine Menge Frustrationen ersparen! Zu häufig wird ein „sehr aktives Kind" als undiszipliniert oder ungehorsam abgestempelt, ein „langsames" als träge und stumpfsinnig, oder ein „leicht ablenkbares Kind" ständig wegen seiner Schusseligkeit beschimpft. Unzählige Kinder leben täglich in dem niederdrückenden Bewusstsein, den ehrgeizigen Erwartungen ihrer Eltern nicht zu entsprechen. Ständig werden sie angetrieben oder bekommen eins drauf. So ein Kind hat es schwer, ein gesundes Wertbewusstsein zu entwickeln und seine Qualitäten zu erreichen.

Dulden oder Fordern?

Das „Zusammenspiel-Konzept" bedeutet allerdings nicht, dass das Verhalten eines Kindes immer und in allen Situationen akzeptiert oder unterstützt werden sollte. Vielleicht mit den Gedanken: „Es hat nun einmal diese Temperamentsanteile, was kann ich schon groß ändern?" Natürlich muss es sich in unserer Gesellschaft bewähren, und die nimmt auf Temperamentsanteile keine große Rücksicht.

Es gibt jedoch gewisse Anforderungen oder Erwartungen aus der Umwelt, die mit dem Temperament des Kindes unvereinbar sind. Die können Eltern vermeiden oder zumindest verringern. Andere Aktivitäten können sie unterstützen oder auch beharrlich fordern. Ein hochaktives Kind kann angeleitet werden, seine motorischen Aktivitäten in akzeptable Richtungen zu lenken. Dem nur wenig ausdrucksstarken Kind sollte beigebracht werden, seine Wünsche klar und wiederholt zu äußern, bis sie auf Widerhall stoßen. Ein Kind mit starken Rückzugstendenzen benötigt einerseits Verständnis und Sicherheit, aber andererseits muss es unbedingt gelockt und ermutigt werden, aus sich herauszukommen.

Um zu einer ausgewogenen Balance zwischen Dulden und Fordern zu finden, kann es Ihnen helfen, wie Chess und Thomas zwischen *„Muss-Situationen,* *„wünschenswerten"* und *„unwichtigen"* zu unterscheiden.[26]

Manches ist im Familienalltag einfach ein Muss. Jedes Kind muss sich selbst anziehen lernen, es muss sauber werden, muss gewisse Gefahren meiden, das Recht anderer respektieren…

Je nach Reife und Temperament werden sich Kinder williger oder unwilliger darauf einstellen. Und Sie können durch individuell abgestimmte Anforderungen und Ihr Einfühlungsvermögen zu einem guten Zusammenspiel beitragen.

---

[26] Stella Chess und Alexander Thomas, a.a.O. S. 76.

Andere Dinge sind *wünschenswert*, aber nicht zwingend notwendig. Es ist wünschenswert, dass ein Dreijähriger keine Windel mehr braucht und ein Fünfjähriger mit den anderen am Tisch sitzt und alles mitisst – aber ist es lebensnotwendig? Nein, individuelle Eigenarten können toleriert werden: Ein Kind mit unregelmäßigem biologischen Rhythmus wird seine Windel halt noch ein paar Monate länger tragen, und ein sehr aktives Kind darf auch noch mit fünf Jahren vom Tisch aufspringen, wenn es mit Essen fertig ist. Das nenne ich ein gutes „Zusammenspiel"!

Und dann gibt es noch eine ganze Palette, wo eine Übereinstimmung *unwichtig* ist und es keinen Grund gibt, auf Anpassung zu bestehen. Das trifft besonders zu, wenn das Kind etwas älter wird: Kleidung, Spiele Hobbys, Zeiteinteilung... Eltern mögen zwar enttäuscht sein, dass ein Kind ganz andere Interessen entwickelt, als sie es sich wünschten, aber die gute Qualität des Zusammenlebens muss darunter nicht leiden.

Sie sollten diese drei Bereiche bei Ihren Erziehungszielen und Erwartungen unterscheiden, denn es gibt leider genug Eltern, die unwichtige Dinge zu einem „Muss" machen... Wenn Sie das beachten, wird es Ihnen gelingen, Ihr Kind vor Überforderung und sich selbst vor Enttäuschung zu bewahren!

Lassen Sie mich Ihnen ganz zum Abschluss diesen großartigen Ausspruch aus den Psalmen mitgeben: *„Du hast mich geschaffen - meinen Körper und meine Seele, im Leib meiner Mutter hast du mich gebildet. Herr, ich danke dir dafür, dass du mich so wunderbar und einzigartig gemacht hast! Großartig ist alles, was du geschaffen hast - das erkenne ich!* (Psalm 139,13-14 Hfa)

Wohl dem Kind, das einmal als Jugendlicher überzeugend von sich sprechen kann: "So, wie ich bin, bin ich einfach wunderbar und einzigartig." Ihnen wünsche ich, dass Sie die Einzigartigkeit Ihres Kindes entdecken und fördern können, damit es einmal zu den glücklichen Menschen gehört, die das von sich sagen können.

Literaturverzeichnis

Antwi, Kwadwo,Temperament und Mutter-Kind-Interaktion bei extrem frühgeborenen Kindern, Dissertation an Medizinischen Fakultät der Universität zu Köln, 16.12.2006. (www.goog.e.de)

Balswick, Jack und Judith, The Family – a Christian Perspective on the Contemporary Home, Baker Book House, Michigan 1989.

Chess, Stella & Thomas, Alexander, Know your Child. An Authoritative Guide for Today`s Parents, Basic Books 1987.

Hemminger, Hansjörg, Kindheit als Schicksal?, Rowohlt 1982.

Hofstätter, Peter R., Psychologie zwischen Kenntnis und Kult, Oldenbourg 1984.

Kohnstamm, Rita, Praktische Kinderpsychologie, Hans Huber Verlag 2006.

Mauerhofer, Armin, Pädagogik nach biblischen Grundsätzen, Band 2, Hänssler Verlag, Holzgerlingen, 2001.

Mühlan, Claudia und Eberhard, Unser Abenteuer. Persönliche Einsichten aus mehr als 30 turbulenten Familienjahren, MühlaMedien 2013.

Mühlan, Claudia und Eberhard, Das große Familien-Handbuch. Erziehungstipps für alle Entwicklungsphasen Ihres Kindes, Gerth Medien 2001.

Mühlan, Claudia, Bleib ruhig, Mama! Tipps für die ersten drei Jahre, Hänssler 2010.

Mühlan, Eberhard, UNTERSCHIEDE machen reich. Persönlichkeitstypen in der Familie erkennen und fördern, MühlanMedien 2014.

Thomas, Alexander/Chess, Stella, Temperament und Entwicklung, Enke Verlag 1980.

MENANDER Verlag

...das Ihnen Hören und Sehen nicht vergehen

Am Alten Bahnhof 15 | 38122 Braunschweig | Fon 0531 - 214 544 0 | info@menander-verlag.de | www.menander-verlag.de

Endlich dünn! Abschied von 75 ungeliebten Kilos

Wie viel Rezepte gegen das Übergewicht mag es inzwischen geben? Das Ergebnis fast aller dieser Rezepte führt zum Jo-Jo- Effekt, das wissen wir alle, die es schon versucht haben: Mit großer Disziplin nimmt man ab, um wenig später umso mehr wieder zuzunehmen.

Umso eindrucksvoller ist es, wenn es Menschen gelingt, nicht nur ein paar Pfunde loszuwerden, sondern gleich anderthalb Zentner. Und zwar dauerhaft. Der Autor dieses Buches hat das geschafft. Die Schilderung seines Kampfes gegen das Fett hält den Leser regelrecht in Atem:und liest sich spannend wie ein Krimi.

Benjamin Paul Iddings
Endlich dünn! Abschied von 75 ungeliebten Kilos
Ratgeberkliteratur, 160 Seiten, PB, 10,95 EUR
ISBN 978-3-944584-02-7

Toby Thorsen und Lules Ende

Alles begann damit, dass ihm ein seltsam unheimlicher Mann einen Brief seiner tot geglaubten Eltern übergab. Nicht im Traum hätte Toby, wie der dreizehnjährige Tobyas Thorsen genannt wird, vermutet, dass seine Pflegeeltern Hannes und Irmchen in ein Komplott gegen ihn verwickelt sein könnten. Wollten sie ihn doch tatsächlich kurz vor seinem vierzehnten Geburtstag an einen geheimnisvollen Fremden ausliefern. Nur sehr knapp entgeht er der geplanten Entführung...

Benjamin Paul Iddings
Toby Thorsen und Lules Ende
Ein pghantastisches Krimi-Abenteuer
340 Seiten, PB, 15,90 EUR
ISBN 978-3-944584-00-3

www.menander-verlag.de

www.menander-verlag.de

NEU bei MENANDER: Video-Edition Israel konkret

ISRAEL DER STAAT DER JUDEN
5 DVD's EIZES MONOKEL - TV-Magazin
5x DVD Video - 5x ca. 30 Minuten - 29,95 EUR
DVD - Die verschiedenen Gesichter des Judentums
DVD - Israel und die jüdische Kultur
DVD - Warum braucht Israel die Siedler?
DVD - Israels Siedlungspolitik - Israels Grenzen
DVD - Vergessen verboten?
Bestell-Nr. 010022

ISRAEL UND DER ISLAM
5 DVD's EIZES MONOKEL - TV-Magazin
5x DVD Video - 5x ca. 30 Minuten - 29,95 EUR
DVD - Israel und die arabisch- muslimische Welt
DVD - Israels Existenzrecht und sein permanenter Kampf darum
DVD - Netanjahu versus Ahmadinedschad
DVD - Israel - Demokratie im Angesicht des Terrors
DVD - Zweistaatenlösung - Vor- und Nachteile
Bestell-Nr. 010021

ISRAEL VON AUSSEN
5 DVD's EIZES MONOKEL - TV-Magazin
5x DVD Video - 5x ca. 30 Minuten - 29,95 EUR
DVD - Israel in der öffentlichen Meinung
DVD - Israel und die Medien - Wahrheit und Lüge
DVD - Israel u. die Vereinten Nationen-Eine Liebe die kalt wurde
DVD - Krieg um's Wasser
DVD - Brennpunkt Jerusalem
Bestell-Nr. 010024

MENANDER Verlag
Am Alten Bahnhof 15 | 38122 Braunschweig | Fon 0531 - 214 544 0
info@menander-verlag.de | www.menander-verlag.de

TEAM.F
Die Lebenspraktiker.

Wir selbst haben erlebt, dass unser Ehe- und Familienleben tiefer und erfüllter wurde, als wir begannen, Gottes Ratschläge für unsere Familienbeziehungen zu befolgen.

TEAM.F-Seminarthemen im Überblick:

→ Freundschaft und Ehevorbereitung
→ Paar- und Ehebeziehung
→ Eltern und Kindererziehung
→ Familie erleben
→ Trennung und Neuorientierung
→ Persönlichkeit und Seelsorge
→ Single sein
→ Frauen unter sich
→ Männer unter sich
→ Akademie und Fortbildung

TEAM.F · Neues Leben für Familien e.V.
Honseler Bruch 30 · 58511 Lüdenscheid · Fon 0 23 51.8 16 86
Fax 0 23 51.8 06 64 · info@team-f.de · www.team-f.de

Ihre Ausbildung zum Fachreferenten, Berater, Coach und Seelsorger.

TEAM.F
Akademie

→ Haben Sie ein Herz für die Nöte von Menschen in Partnerschaft, Ehe und Familie?
→ Möchten Sie durch Seelsorge und Beratung qualifiziert helfen?
→ Haben Sie Freude daran, zu lehren und Gruppen zu leiten?
→ Suchen Sie eine neue geistliche Herausforderung?
→ Möchten Sie Ihre Fachkompetenz erweitern?

Mutmacher und Hoffnungsträger mit Kompetenz.

Erwerben Sie die fachliche Qualifikation als Referent, Paarberater, Coach oder Seelsorger. Werden Sie Hoffnungsträger und Mutmacher für die Menschen, die Orientierung und Hilfe in Beziehungsfragen suchen. Die TEAM.F-Akademie unterstützt Sie dabei durch eine praxisbezogene, biblisch fundierte Ausbildung. Unsere Kompetenz gründet auf der Erfahrung einer 20-jährigen erfolgreichen Seminar- und Beratungsarbeit mit etwa 600 ehrenamtlichen Mitarbeitern.

→ Schreiben Sie uns oder rufen Sie uns an. Wir senden Ihnen gerne den ausführlichen TEAM.F Studienführer zu.

TEAM.F-Akademie · Neues Leben für Familien e.V.
Honseler Bruch 30 · 58511 Lüdenscheid · Fon 0561.81697453
info@team-f-akademie.de · www.team-f-akademie.de

UNSER ABENTEUER

Mehr als 30 Jahre Familienleben und Pädagogik mit vielen Kindern (6 angenommene und 7 eigene) – das war ein Abenteuer! Nicht nur für die Eltern, auch für die Kinder. Inzwischen sind alle Kinder erwachsen und aus dem Haus. Jetzt, wo alle genügend Abstand von der aktiven Familienphase haben, sind Eltern wie auch Kinder gern bereit über ihr Familienleben zu reflektieren: über das Schöne, über das Traurige, über die Fehler…

Wie ging das Ganze überhaupt los? Wie entwickelte sich das biblisch-orientierte Erziehungskonzept? Wie gestaltete sich der Alltag? Wie ging es den Kindern dabei? Was haben sie in einer so großen Familie empfunden?

C. & E. Mühlan, Unser Abenteuer
MühlanMedien, Braunschweig
Paperback, 152 Seiten, 10,95 EUR
ISBN 978-3-944584-23-2
Bestell-Nr. 568223

DU SCHAFFST ES!

Sie „ist" nicht geschafft – sie „hat" es geschafft!
Und ist eine Frau mit Ausstrahlung geblieben.
Jetzt kann sie zurückschauen und fragt sich manchmal selbst, wie sie alles bewältigt hat? Schon mit 21 Jahren war sie Mutter von 6 Kindern (5 angenommene und ein eigenes) und dann folgten noch 7 weitere. Wie bewältigt man einen so großen Haushalt und, vor allem, wo holt man die psychische Kraft für jedes einzelne Kind her? Das geht nicht ohne ein gutes Konzept. Wo liegt der Schlüssel für Claudias Erfolg?

Die Autorin möchte anderen Müttern mit ihren Erfahrungen Mut machen und vor allem denen eine sinnvolle „Überlebensstrategie" mitgeben, die noch unverbraucht am Anfang ihres Familienlebens stehen.

Claudia Mühlan, Du schaffst es!
MühlanMedien, Braunschweig
Paperback, 142 Seiten, 10,95 EUR
ISBN 978-3-944584-24-9
Bestell-Nr. 568224

WEITERE BÜCHER:

C.&E. Mühlan, Das große Familien-Handbuch
Erziehungstipps für alle Entwicklungsphasen Ihres Kindes.
Gebunden, DIN A5, 280 Seiten
Bestellnummer: 815434
Sonderpreis 18,00 EUR (statt 19,95 EUR)

E. Mühlan & A. Schröter, Total fertig oder voll gut drauf?
Helfen Sie Ihrem Kind mit seinen Gefühlen klarzukommen.
Paperback, 113 Seiten, 8,95 EUR
Bestellnummer: 815417

C. Mühlan, Bleib ruhig, Mama!
Überarbeitete Neuauflage.
Tipps für die ersten drei Jahre.
Paperback, 160 Seiten, 12,95 EUR
Bestellnummer: 394861

E. Mühlan, Bleib cool, Papa!
Komplett überarbeitete Neuauflage.
Guter Rat für viel beschäftigte Väter
Paperback, 128 Seiten, 8,95 EUR
Bestellnummer: 394992

E. Mühlan, Zwischen 9 und 13
Tipps für angehende Teens
Taschenbuch, 75 Seiten, 4,95 EUR
Bestellnummer: 816164

E. Mühlan, Führung durch den Heiligen Geist
Persönliche Führung durch Gott. Sicherheit bei schwierigen Entscheidungen. Gewissheit, dass Jesus dabei ist – Neuauflage.
Paperback, 147 Seiten, 8,95 EUR
Bestellnummer: 547242

MühlanMedien . Leipzigerstr. 233 . 38124 Braunschweig
Fon 0531-610730 . Fax 611941 . info@mühlanmedien.de